Fatma Ceri

Die Bildungsbenachteiligung von Kindern mit Migrationshintergrund

Migration * Minderheiten * Kulturen

herausgegeben von Guido Schmitt

Band 4

Fatma Ceri

Die Bildungsbenachteiligung von Kindern mit Migrationshintergrund

Welche Folgen hat der schulische Umgang
mit sprachlichen Differenzen
auf die Bildungschancen?

Centaurus Verlag
Kenzingen 2008

Zur Autorin:
Fatma Ceri, 1977 als zweites Kind einer Migrantenfamilie geboren, absolvierte an der Pädagogischen Hochschule Freiburg ein Studium für Lehramt an Grund- und Hauptschulen mit den Fächern Mathematik, Haushalt und Textil sowie Biologie. Sie beginnt nach der Elternzeit für ihr zweites Kind ihr Referendariat.

Die Deutsche Bibliothek – CIP-Einheitsaufnahme

Bibliographische Information der Deutschen Bibliothek:
Die deutsche Bibliothek verzeichnet diese Publikation in der
Deutschen Nationalbibliographie; detaillierte bibliographische Daten
sind im Internet über http://dnb.ddb.de abrufbar.

ISBN 978-3-8355-0717-6

ISSN 1434-8896

© *CENTAURUS Verlags KG, Kenzingen 2008*

Satz: Vorlage der Autorin

Umschlaggestaltung: Antje Walter, Titisee-Neustadt
Umschlagabbildung: photocase.com

Satz: Vorlage der Autorin

Dieses Buch widme ich meinem lieben Ehemann Ercüment
und unserer Tochter Neva

Inhaltsverzeichnis

1. Einleitung

Das deutsche Bildungswesen steht seit einigen Jahren wieder im Blickpunkt des öffentlichen Interesses und der öffentlichen Diskussion. Vor allem haben die verschiedenen internationalen Vergleichsstudien, wie z.b. PISA[1] und IGLU[2] oder auch die innerdeutsche Vergleichsuntersuchung PISA-E[3] dazu beigetragen, dass das deutsche Bildungssystem und die Lehrpläne erneut durchschaut werden. Bei der Betrachtung des deutschen Bildungswesens ist deutlich geworden, dass zwar über Stand und Entwicklung des Bildungssystems einige Einzelheiten bekannt sind, eine systematische Gesamtschau aber fehlt[4].

Die Bundesrepublik Deutschland hat sich in den letzten vierzig Jahren faktisch zu einem Einwanderungsland entwickelt, wodurch sich eine Multikulturalität und Vielsprachigkeit bildet, was sich im weiteren Verlauf der Arbeit auch anhand konkreter Zahlen zeigen wird. Mit dieser Entwicklung sind Herausforderungen für das Bildungssystem verbunden, die bis heute nicht in zufrieden stellendem Maße bewältigt worden sind. Wie seit einigen Jahren bekannt ist und auch die Ergebnisse aus PISA zeigen, erzielen Jugendliche aus zugewanderten Familien, auch wenn sie in Deutschland geboren sind und ihre gesamte Schullaufbahn in Deutschland absolviert haben, deutlich geringere Bildungserfolge als Schülerinnen und Schüler ohne Migrationshintergrund. Die internationalen Vergleichsstudien haben auch ergeben, dass die Förderung von Jugendlichen mit Migrationsgeschichte in Deutschland weniger gut gelingt als in den meisten anderen Staaten[5]. „Die Befunde der PISA-Studie weisen bezüglich Kinder und Jugendlichen mit Migrationshintergrund auf ein immenses Versäumnis deutscher Bildungspolitik und Schulen hin. Ihre defizitären schulischen Karrieren und Leistungen stellen eine dauernde Gefährdung aller Integrationsbemühungen dar. Die Unfähigkeit deutscher Schulen, soziale Benachteiligungen auszugleichen oder abzumildern, schlägt hier besonders zu Buche"[6]. Für den sozialen Zusammenhalt in den Aufnahmeländern ist aber eine erfolgreiche Integration von Migranten unentbehrlich. Ist die Integration erfolgreich, bereichern Migranten das Einzugsland mit wertvollem Humankapital, wie z.B. Sprachenvielfalt, da sie bei

---

[1]   PISA steht für „Program for International Student Assessment".
[2]   IGLU steht für „Internationale Grundschul-Lese-Untersuchung".
[3]   PISA-E ist die nationale Ergänzungsstudie zur internationalen PISA-Studien.
[4]   Avenarius/Ditton/Döbert u.a., S. 3.
[5]   Stanat 2003, S. 243.
[6]   Heinrich-Böll-Stiftung, S. 189.

angemessener Förderung dem wirtschaftlichen Wohlergehen und der kulturellen Vielfalt in den Aufnahmeländern positive Impulse geben können[7].

Vor allem dem Spracherwerb von Kindern und Jugendlichen mit Migrationshintergrund kommt hierbei eine elementare Bedeutung zu, denn die Sprache ist der Schlüssel zur Erschließung aller weiteren Wissensbestände und zur Teilhabe an allen gesellschaftlichen Kommunikationsprozessen. Die Sprache ist der konstitutive Bestandteil der schulischen Kommunikation sowie der schulischen Lehr- und Lernprozesse. Kinder mit Migrationshintergrund treten mit unterschiedlichen sprachlichen Eingangsvoraussetzungen in das Bildungssystem ein. Die Mehrheit von ihnen spricht eine andere Familiensprache als Deutsch und verfügt über mehr oder weniger entwickelte Formen von Zweisprachigkeit[8]. „Mangelhafte Kenntnisse der deutschen Sprache erweisen sich als eine der größten Hürden in der Schullaufbahn. Durch die PISA-Studie gab es in Deutschland erstmals unübersehbare empirische Hinweise dafür, dass die Beherrschung der deutschen Sprache auf einem dem jeweiligen Bildungsgang angemessenen Niveau von entscheidender Bedeutung ist und nicht primär die soziale Lage oder kulturelle Distanz"[9]. Die Untersuchungen der PISA-Studie haben ergeben, dass fast 50% der Jugendlichen aus zugewanderten Familien die elementare Kompetenzstufe im Lesen nicht erreichen, was einen sehr bedenklichen Befund darstellt, wenn man bedenkt, dass über 70% dieser Jugendlichen die gesamte Schullaufbahn in Deutschland durchlaufen haben[10].

In dieser wissenschaftlichen Hausarbeit wird zunächst ein zusammenfassender Überblick über die Bildungsbeteiligung von Kindern und Jugendlichen mit Migrationshintergrund im Vergleich zu deutschen Schülern dargestellt, um so die These der Bildungsbenachteiligung von Migrantenkindern zu überprüfen. Im weiteren Verlauf wird nach möglichen Erklärungen für die aufgezeigten Diskrepanzen gesucht. Den Schwerpunkt dieser Arbeit bildet das Hauptproblem der Migrantenkinder, nämlich das Problem von Sprachdefiziten, der schulische Umgang mit sprachlicher Differenz und deren Folgen. Auf dieses Problem wird aber erst am Ende des dritten Kapitels eingegangen, nachdem zuvor die verschiedenen Erklärungsansätze diskutiert werden. Zwar wird das Sprachproblem hin und wieder an verschiedenen Stellen knapp angedeutet, vertieft wird es aber an der soeben genannten Stelle.

---

[7]   Stanat/Christensen, Vorwort.
[8]   Heinrich-Böll-Stiftung, S. 216.
[9]   Herwartz-Emden, S. 13.
[10]   Baumert/Schümer, S. 376.

2. Chancenungleichheit von Migranten im deutschen Bildungssystem

2.1. Begriff „Migration"

Etymologisch stammt der Begriff „Migration" aus dem lateinischen Wort *migratio*, das übersetzt (Aus-) Wanderung bedeutet. Nach Meinhard[11] ist Migration der auf Dauer angelegte bzw. dauerhaft werdende Wechsel in eine andere Gesellschaft bzw. in eine andere Region von einzelnen oder mehreren Menschen. In der Migrationsforschung wird unterschieden zwischen Binnen- und Außenmigration. *Binnenmigration* reicht vom einfachen Wohnortwechsel über umfangreiche Wanderungen vom Land in die Stadt aus ökonomischen oder ökologischen Motiven bis hin zu Vertreibungen bei gewaltsamen Konflikten innerhalb der nationalen Grenzen. Dagegen ist von *Außenmigration* die Rede, wenn es zu Wanderungen über die Staatsgrenzen hinaus kommt. Menschen, die wandern, werden als *Migranten* bezeichnet[12].

Es lassen sich hier grob vier Migrationsgruppen von unterschiedlichem quantitativem Gewicht unterscheiden:

- Arbeitsmigranten aus den süd- und südosteuropäischen ehemaligen Anwerbeländern,
- deutschstämmige Aussiedler aus Rumänien, Polen und Ländern der ehemaligen Sowjetunion,
- Bürgerkriegsflüchtlinge (Kontingentflüchtlinge) und Asylbewerber und
- Zuwanderer aus Ländern der EU sowie sonstige Personen, die im Rahmen der internationalen Arbeitsmobilität nach Deutschland kommen[13].

Nach dem Mikrozensus 2005 gehört zu den Personen mit Migrationshintergrund die ausländische Bevölkerung – unabhängig davon, ob sie im Inland oder im Ausland geboren wurde – sowie alle Zugewanderten unabhängig von ihrer Nationalität. Daneben zählen zu den Personen mit Migrationshintergrund auch die in Deutschland geborenen eingebürgerten Ausländer sowie eine Reihe von in Deutschland Geborenen mit deutscher Staatsangehörigkeit, bei denen sich der Migrationshintergrund aus dem Migrationsstatus der Eltern ableitet. Zu den Letzteren gehören die deutschen Kinder (Nachkommen der ersten Generation) von Spätaussiedlern und Eingebürgerten und zwar auch dann, wenn nur ein Elternteil diese Bedingungen erfüllt, während

---

[11] Meinhardt, S. 25.
[12] Meinhardt, S. 25.
[13] Artelt/Baumert/Klieme, S. 34.

der andere keinen Migrationshintergrund aufweist. Zu dieser Gruppe gehören außerdem seit 2000 auch die (deutschen) Kinder ausländischer Eltern, die die Bedingungen für das sog. Optionsmodell erfüllen, d.h. mit einer deutschen und einer ausländischen Staatsangehörigkeit in Deutschland geboren wurden[14].

Im Alltag differenziert man häufig nicht nach diesen Kategorien, sondern spricht generalisierend von *Ausländern*.

2.2. Vom Ausländer- zum Migrationskonzept

Die statistische Erfassung der Zuwanderung in Deutschland erfolgte bis zum Jahr 2005 nach dem Ausländerkonzept, wonach nur die Staatsangehörigkeit in Betracht gezogen wurde. Hierbei wurden aber die Spätaussiedler und die eingebürgerten Personen nicht als Ausländer mitgezählt, da sie über die deutsche Staatsbürgerschaft verfügten. Nach den internationalen Vergleichsstudien IGLU und PISA wurde aber erkannt, dass eine solche Erfassung nicht die gesamte Größenordnung an Migranten, welche in der Bildungspolitik eine große Rolle spielen, umfasst[15].

Mit dem Mikrozensus 2005 kann sowohl die Differenzierung der Zuwanderungskonstellation nach der individuellen und familialen Migrationserfahrung (1. oder 2. bzw. 3. Generation) sowie dem rechtlichen Status (deutsch vs. nicht-deutsch) vorgenommen werden. Für die Integration sind diese beiden Kriterien von entscheidender Bedeutung, da der Besitz der deutschen Staatsangehörigkeit mit politischen Teilhaberechten eine höhere Stabilität auch im sozialen Status vermitteln kann und die Migrationserfahrung darüber Auskunft gibt, inwieweit der außerfamiliale soziale und kulturelle Kontext noch vom Herkunfts- oder schon vom Aufnahmeland geprägt worden ist. Durch das neue Migrationskonzept ergeben sich im Vergleich zum bisherigen Ausländerkonzept in der Statistik beträchtliche Änderungen bezüglich Umfang und Struktur der Migrationsbevölkerung. Während nach dem Migrationskonzept der Anteil der Personen mit Migrationshintergrund im Jahr 2005 an der Gesamtbevölkerung nicht ganz ein Fünftel (18,6%) betrug (das entspricht 15,3 Mio. Menschen)[16], umfasste die ausländische Wohnbevölkerung in Deutschland nach dem Ausländerkonzept Ende 2004 insgesamt 7,3 Mio. Personen, was einem Anteil von 8,8% an der Gesamtbevölkerung entspricht[17]. Aus diesen Zahlen folgt, dass durch die Erfassung der Zuwanderer nach dem Migrationskonzept ihr Anteil mehr als doppelt so hoch ist, wie mit der Erfassung nach dem Ausländerkonzept.

---

[14]   Statistisches Bundesamt 2006, S. 43 f.
[15]   Konsortium Bildungsberichterstattung, S. 139 f.
[16]   Konsortium Bildungsberichterstattung, S. 139 f.
[17]   Statistisches Bundesamt 2006, S. 41.

2.3. Datenlage nach dem Migrationskonzept

2.3.1. Migranten in Deutschland

Abbildung 1: Bevölkerung 2005 nach Migrationshintergrund und Herkunftsregion

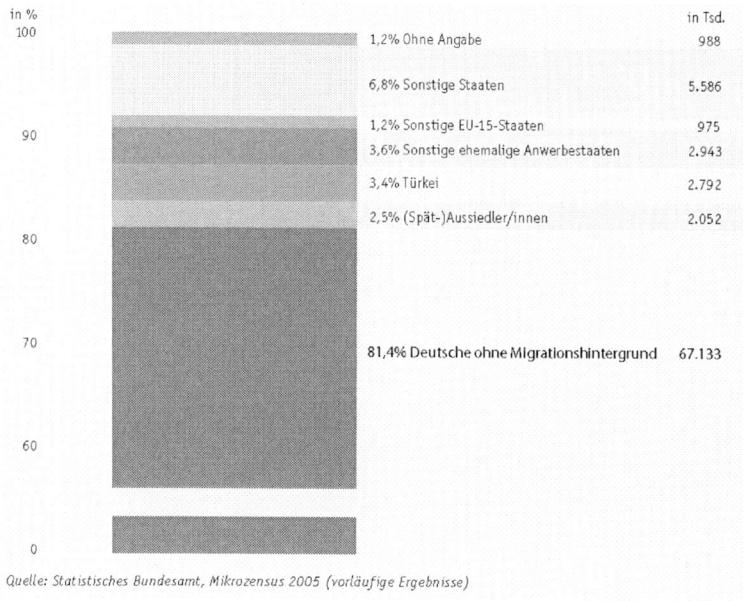

Quelle: Statistisches Bundesamt, Mikrozensus 2005 (vorläufige Ergebnisse)

Quelle: BMBF: Konsortium Bildungsberichterstattung: Bildung in Deutschland; 2006

Abbildung 1 zeigt die Bevölkerung in Deutschland im Jahr 2005 nach Migrationshintergrund und der Herkunftsregion. 81,4 % der Bevölkerung sind Deutsche ohne irgendeinen Migrationshintergrund. 3,6% stellen Mitbürger aus den sonstigen ehemaligen Anwerberstaaten, wie Bosnien und Herzegowina, ehemaliges Jugoslawien, Griechenland, Italien, Kroatien, Portugal, Serbien und Montenegro, Slowenien, Spanien, Marokko, ohne Tunesien und Mazedonien, dar. Der größte Teil der Migranten fällt auf die Bevölkerung aus der Türkei mit 3,4%, gefolgt von den (Spät)Aussiedler/-innen mit 2,5%. Weitere 1,2 % sind von den sonstigen EU-15-Staaten[18] und 6,8% von sonstigen Staaten vertreten.

---

[18] Zu den EU-15-Staaten gehören (außer Deutschland sowie den ehemaligen Anwerberstaaten Griechenland, Italien, Portugal und Spanien): Dänemark, Finnland, Frankreich, Irland, Luxemburg, Niederlande, Österreich, Schweden und das Vereinigte Königreich.

2.3.2. Migranten in den einzelnen Bundesländern

Abbildung 2: Anteile der Bevölkerung mit Migrationshintergrund 2005 bzw. der Ausländerinnen und Ausländer 1995 bis 2004 nach Ländern (in %)

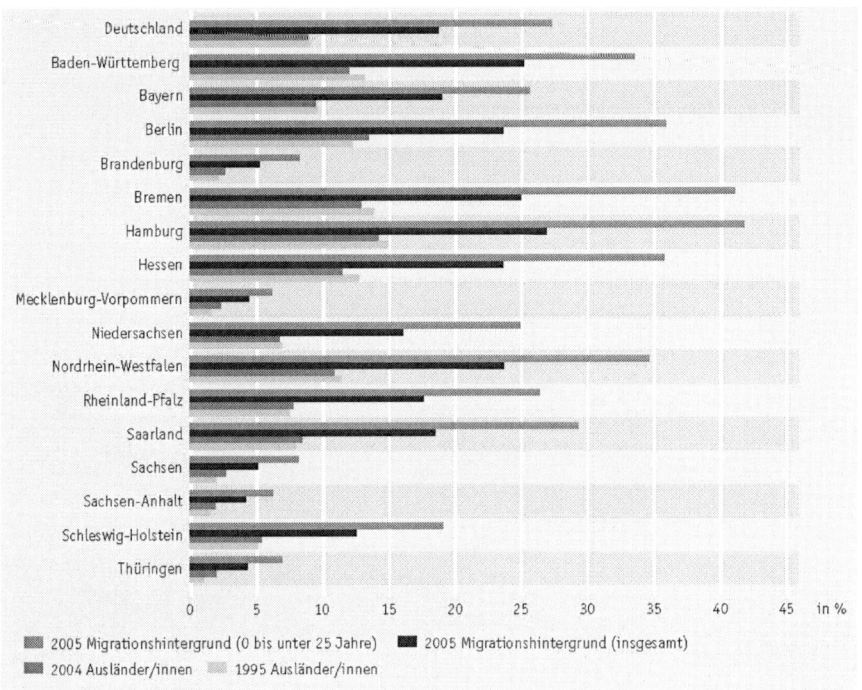

Quelle: BMBF: Konsortium Bildungsberichterstattung: Bildung in Deutschland; 2006

Aus der obigen Abbildung ist zu entnehmen, dass sich die Bevölkerung mit Migrationshintergrund auf die einzelnen Bundesländer sehr unterschiedlich verteilt. Hamburg ist mit ca. 27% der Spitzenreiter, was die Bevölkerung mit Migrationshintergrund betrifft. Nur knapp hinter Hamburg liegen Bremen und Baden-Württemberg mit etwa 25 %. Berlin und Hessen folgen dann mit etwa 23% und schließlich Bayern und Saarland mit ungefähr 18%. Auffallend ist, dass der Anteil der Bevölkerung mit einem Migrationshintergrund in den neuen Bundesländern im Verhältnis zu den bisher aufgezählten Bundesländern sehr gering ist.

2.3.3. Altersgruppen der Bevölkerung mit Migrationshintergrund

Wie eingangs dargestellt, hat diese Arbeit sich das Ziel gesetzt, die Bildungsbenachteiligung von Kindern mit Migrationshintergrund zu erforschen. Hierzu sind die Bildungsbeteiligung und damit auch die Altersgruppe der Migrantenkinder von entscheidender Bedeutung. Daher werden im Folgenden die Altersgruppen und der Zuwanderungszeitpunkt der nicht-deutschen Bevölkerung näher betrachtet.

Abbildung 3: Anteil der Bevölkerung mit Migrationshintergrund 2005 nach Altersgruppen und Herkunftsregionen (in %)

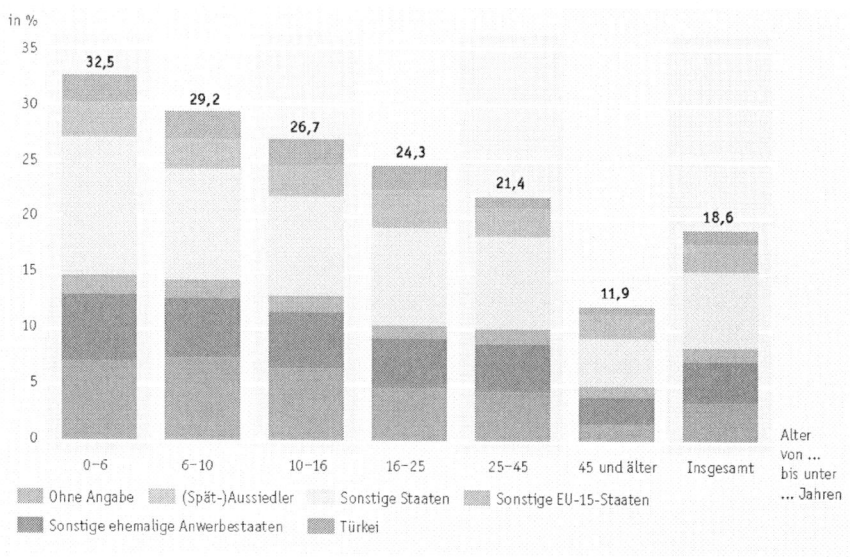

Quelle: BMBF: Konsortium Bildungsberichterstattung: Bildung in Deutschland; 2006

Abbildung 4: Bevölkerung im Alter unter 25 Jahren mit Migrationshintergrund 2005 nach Zuwanderungszeitpunkt und Altersgruppen (in %)

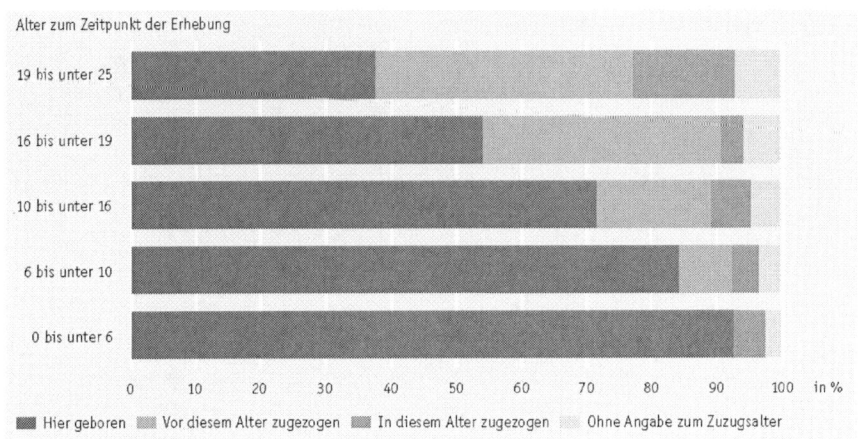

Quelle: BMBF: Konsortium Bildungsberichterstattung: Bildung in Deutschland; 2006

Aus der Verteilung der Altersgruppen in der Abbildung 3 wird deutlich, dass es eine wichtige Aufgabe der Bildungseinrichtungen ist, für die Integration dieser Kinder und Jugendlichen mit Migrationshintergrund beizutragen. 32,5% der Kinder zwischen 0 und 6 Jahren und 29,2% zwischen 6 und 10 Jahren, also fast 30 Schüler von 100, haben einen Migrationshintergrund. Auch die weiteren Altersgruppen der 10 bis 16, 16 bis 25 und 25 bis 45 Jährigen stellen einen prozentualen Anteil von 26,7%, 24,3% und 21,4% dar. Die höchste Altersgruppe der 45-jährigen und älteren ist weniger als halb so viel wie die anderen Altersgruppen. Aus der Abbildung kann man auch erkennen, dass in allen Altersgruppen die Migranten aus der Türkei und den sonstigen Anwerberstaaten zusammen mit den sonstigen Staaten den größten Anteil darstellen. Über 6% der Kinder unter 16 Jahren haben einen türkischen Migrationshintergrund. Auch die (Spät-)Aussiedler stellen mit ca. 4% in fast jeder Altersgruppe einen ziemlich großen Anteil dar.

Abbildung 4 gibt Auskunft über das Alter und den Zuwanderungszeitpunkt der Bevölkerung unter 25 Jahren mit Migrationshintergrund. Hier ist zu erkennen, dass über 90% der 0 bis 6 jährigen Kinder mit Migrationshintergrund in Deutschland geboren sind. Auch die Kinder zwischen 6 und 10 Jahren sind fast alle (ca. 84%) in Deutschland geboren oder bereits vor diesem Alter nach Deutschland zugezogen (ca. 8%). Ähnlich verhält es sich bei den Kindern von 10 bis 16 Jahren, von denen etwa 72% in Deutschland geboren und ungefähr 17% noch vor diesem Alter zugezogen sind.

2.4. Bildungsbeteiligung von Kindern mit Migrationshintergrund und die Chancenungleichheiten im deutschen Schulsystem

2.4.1. Verpflichtung und Verantwortung des Schulsystems

„Damit Menschen ihren Platz in der Gesellschaft einnehmen und in ihr mitwirken können, bedürfen sie der Bildung. [...] Gesellschaften, die in der Welt bestehen und die die Welt mitgestalten wollen, sind auf die bestmögliche Bildung all ihrer Menschen angewiesen. [...] Gesellschaften, die in ihrer Zusammensetzung von kultureller und sozialer Heterogenität geprägt sind, müssen das Zusammenleben ihrer Mitglieder bereits in deren Bildungsprozessen vorbereiten. [...] Ein Verzicht auf Bildung, die auf ein friedliches Zusammenleben angelegt ist, fördert den Zerfall der Gesellschaft"[19].

Da Integration vor allem durch Bildung erfolgt, und zur gleichberechtigten Teilhabe an der Gesellschaft Bildung vorausgesetzt wird, kommt den gesamten Schul- und Ausbildungssystemen eine Schlüsselfunktion zu. Die Bildungsqualifikationen, welche für das spätere Berufsleben entscheidend sind, werden vor allem in der Schule erworben. Daher muss zunächst gefragt werden, welche Aufgaben und Verpflichtungen den Schulen gegenüber jedem Kind zukommen.

Nach dem Beschluss der Kultusministerkonferenz vom 25.10.1996 (sind) „die Achtung der Würde des Menschen und die Wahrung der Grundrechte [...] Verfassungsnormen, die in den Schulgesetzen der Länder konkretisiert sind. Der dort formulierte Bildungsauftrag geht davon aus, dass alle Menschen gleichwertig und dass ihre Wertvorstellungen und kulturellen Orientierungen zu achten sind"[20]. Folglich müssen alle Menschen in der Schule die gleichen Chancen auf Bildung haben, unabhängig vom sozialen Milieu, von Herkunft, Geschlecht und Religion. Durch das mehrgliedrige Schulsystem in Deutschland sind die Schulen jedoch sehr selektiv. Vor allem ist der Übergang von der Primarstufe auf die Sekundarstufe I für die spätere Schullaufbahn- und Berufsentscheidung sehr wichtig. Überwiegend wird in Deutschland die Verteilung der Schülerinnen und Schüler auf die weiterführenden Schulen nach der vierten Klasse vorgenommen, bis auf einige Bundesländer wie z.B. Berlin und Brandenburg[21], wo der Übergang in die Sekundarstufe erst ab einem späteren Zeitpunkt erfolgt. In der Sekundarstufe findet dann eine Aufteilung in die Hauptschulen, Realschulen und Gymnasien statt. Dies erfordert, wie bereits erwähnt, eine frühe Selektion der Schüler.

---

[19] Avenarius/Ditton/Döbert u.a. S. 1.
[20] Beschluss der Kultusministerkonferenz (Stand: 06.08.2007).
[21] Die Jahrgangsstufen 1 bis 6 bilden in Berlin und Brandenburg die Primarstufe, und die Jahrgangsstufen 7 bis 10 die Sekundarstufe I. Vgl.: § 17 I SchulG Berlin und §16 I 2 BbgSchulG.

Die frühe Verteilung auf die unterschiedlichen weiterführenden Schulformen trägt dazu bei, dass maßgebliche Entscheidungen über die individuellen Bildungsverläufe in Deutschland bereits in einem sehr frühen Alter, nämlich mit zehn bis elf, getroffen werden[22]. Durch diese frühe Verteilung auf die einzelnen Schularten wird das Ziel verfolgt, dass die Schülergruppen homogenisiert werden[23]: „Die Homogenität der „Besten" im Gymnasium, die Homogenität der „Besseren" in der Realschule, die Homogenität der „Durchschnittlichen" in der Hauptschule, die Homogenität der so genannten „(Lern)Behinderten" in den Förderschulen"[24].

Leistungsstarke Schülerinnen und Schüler sollen auf einem höheren Niveau und leistungsschwächere Schülerinnen und Schüler auf einem, ihren Leistungen entsprechenden, niedrigeren Niveau unterrichtet werden, ohne sich gegenseitig abzulenken.

„Mit dieser differenzierten Skalierung ist in hohem Maß ein Aussonderungsmechanismus verbunden, der Schüler mit unterschiedlichen Förderbedürfnissen gleichsam wie durch ein Sieb „nach unten" fallen lässt"[25].

Mit der Einführung von Gesamtschulen könnte dazu beigetragen werden kann, dass keine frühe Selektion in die verschiedenen Schularten stattfindet und dadurch gute Schülerinnen und Schüler den leistungsschwachen helfen und diese wiederum die Hilfe von Gleichaltrigen entgegennehmen und von ihnen lernen können. Es ist auch nicht verständlich, warum gute Schüler, die ja gerade nicht so viel Förderung brauchen, länger eine Schule (am Gymnasium 8-9 Jahre vs. an der Hauptschule nur 5 Jahre) besuchen dürfen, als Kinder, die ja gerade eine intensivere Lernförderung brauchen. „Wer bereits privilegiert ist, wird noch mehr privilegiert, und wer das Bildungssystem am meisten benötigt, profitiert am wenigsten"[26].

Um die frühe Selektion der Schülerinnen und Schüler zu verhindern, ist es daher wichtig, dass Integrierte Gesamtschulen in allen Bundesländern eingeführt werden.

2.4.2. Kinder mit Migrationshintergrund im deutschen Schulsystem

Durch eine gute schulische und berufliche Bildung wird eine Reihe von Wahlmöglichkeiten für die zukünftige Lebensgestaltung eröffnet. In einer mehr und mehr wissensbasierten Gesellschaft ist eine entsprechend qualifizierte Schul- und Berufsausbildung zentral für die Integration in den Arbeitsmarkt und die beruflichen Chancen, wozu auch gute deutsche Sprach- und Schreibkenntnisse gehören[27].

---

[22]   Baumert/Trautwein/Artelt, S. 261.
[23]   Konsortium Bildungsberichterstattung, S. 49.
[24]   Schor, S. 40.
[25]   Schor, S. 22.
[26]   Oelkers zitiert nach Schor, S. 38.
[27]   Statistisches Bundesamt 2006, S. 567.

2.4.2.1. Verteilung der Schülerinnen und Schüler mit Migrationshintergrund auf die einzelnen Schularten

Wie oben unter Punkt 2.4.1 schon erwähnt, ist festzuhalten, dass aufgrund der hierarchischen Struktur des Schulsystems in D_____ ___ dem Besuch eines bestimmten Schultyps Kontextbedingungen _____ __ üler/-innen gegenüber anderen Schüler/-innen privilegierer_____ ___ starker Zusammenhang zwischen der besuchten Sch_____ __ulabschluss: Eine deutliche Mehrheit der ausländis_____ der Grundschule eine Hauptschule und erreicht_____ während eine ebenso deutliche Minderheit ___ Gy_____ hochschulabschluss oder das Abitur erreicht“[28]. Auch die PISA-Be_____ ____ass Schüler ohne Migrationshintergrund sowie Schüler aus der Herkunf_____ ppe der sonstigen Staaten vor allem in Realschulen und am Gymnasium anzutreffen sind, dagegen aber Schüler mit mindestens einem Elternteil aus der Türkei, sonstigen Anwerberstaaten und der ehemaligen Sowjetunion vornehmlich Haupt- und Realschulen besuchen. Innerhalb der zuletzt genannten Herkunftsgruppe sind aber auch erhebliche Differenzen zu erkennen: „So ist fast jeder zweite türkische Schüler an einer Hauptschule und nur jeder achte am Gymnasium. Von den Schülern aus den sonstigen Anwerberstaaten ist ein Drittel an der Hauptschule und ein Viertel an einem Gymnasium“[30]. Anhand der Daten des Sozioökonomischen Panels, welche die Übergänge der Kinder von der Primar- in die Sekundarstufe aufstellt, kann aufgrund der geringen Fallzahlen kaum etwas über die einzelnen Nationalitäten im Vergleich ausgesagt werden. Daher hat Diefenbach[31] die Übergänge der Jahre 1985 bis 1995 betrachtet und ist zu dem Ergebnis gelangt, dass italienische Kinder den größten Anteil an Übergängen auf die Hauptschule und gleichzeitig den geringsten Anteil an Übergängen auf das Gymnasium aufweisen, direkt gefolgt von den türkischen Kindern. Griechische Kinder dagegen weisen den größten Anteil von allen Kindern mit Migrationshintergrund auf, die ein Gymnasium besuchen und den niedrigsten Anteil an Hauptschülern. Im Allgemeinen lässt sich ausgehend von den obigen Ausführungen sagen, dass Kinder mit Migrationshintergrund im Verhältnis zu Kindern ohne einen solchen Hintergrund eher von ungleichen Bildungschancen betroffen sind. Kinder aus den unteren Sozialschichten bzw. Kinder mit Migrationshintergrund werden bei den Übergangsentscheidungen zu weiterführenden Schulen auch bei gleicher Schulleistung, wie deutsche Kinder, benachteiligt.

---

[28] Diefenbach 2005, S. 46.
[29] An dieser Stelle wurden PISA-2000-Daten verwendet, damit die nachfolgenden Aussagen zu Übergängen und Schulartwechseln daran anschließen können.
[30] Konsortium Bildungsberichterstattung, S. 151.
[31] Diefenbach 2007, S. 55.

2.4.2.2. Selektivität des deutschen Schulsystems

Durch die PISA-Studien wurde allgemein verdeutlicht, dass die speziellen Probleme der Schülerinnen und Schüler mit Migrationshintergrund auf ein Strukturmerkmal des deutschen Schulsystems zurückzuführen sind, nämlich auf seine hochgradige herkunftsbezogene Selektivität[32]. Die Behauptung, dass das schlechte Abschneiden Deutschlands im internationalen Vergleich auf die schlechten Leistungen der Schülerinnen und Schüler mit Migrationshintergrund zurückzuführen ist, ist nicht haltbar, denn Untersuchungen des Deutschen PISA-Konsortiums haben ergeben, dass Deutschland unter Ausschluss der Migrantenkinder nur geringfügig besser abschneidet[33].

Auch IGLU bestätigt, dass dem deutschen Bildungssystem nicht die gewünschte Auslese gelingt, um die Homogenität der Lerngruppen im dreigliedrigen Schulsystem zu erreichen[34]. Im Folgenden wird auf die Verteilung der Kinder und Jugendlichen mit Migrationshintergrund auf die verschiedenen Sekundarschultypen und deren erreichten Abschlüsse eingegangen und kurz die Verzögerungsquote beim Durchlauf der Schulstufen angesprochen. Hierbei wird deutlich sichtbar, dass die Verteilung auf die einzelnen Schularten sehr unterschiedlich ist, was sich auch seit Jahren nicht verändert hat.

Abbildung 5: Ausländeranteile im Schuljahr 2004/2005 nach Schularten

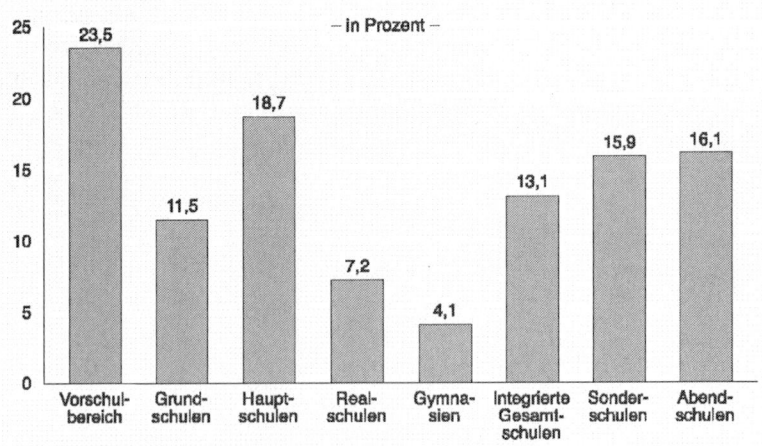

Quelle: Statistisches Bundesamt: Datenreport 2006

---

[32] Gogolin/Neumann/Roth, S. 13.

[33] Stanat 2003, 246.

[34] IHK Hanau-Gelnhausen-Schlüchtern, S. 1.

Aus der Abbildung 5 geht klar hervor, dass Kinder mit Migrationshintergrund im Schuljahr 2004/2005 an Realschulen und Gymnasien mit einer Gesamtzahl von 11,3% stark unterrepräsentiert und dagegen mit 18,7% an Hauptschulen und 15,9% an Sonderschulen stark überrepräsentiert waren. Mit anderen Worten: Kinder mit einem Migrationshintergrund haben kaum die Chance, höhere Sekundarschultypen zu besuchen, was eine starke Selektion und Benachteiligung mit sich bringt. Die Hauptschulen waren früher Volksschulen[35], die einen einigermaßen anerkannten Status hatten. Heutzutage[36] ist es aber so, dass Hauptschulen als Restschulen oder Ausländerschulen abgestempelt sind und im Verhältnis zu Kindern mit Migrationshintergrund weniger von deutschen Kindern ohne Migrationshintergrund besucht werden.

2.4.2.3. Regionale Verteilung

Auch an anderen Aspekten zeigt sich, dass ausländische Kinder und Jugendliche von den Selektionsmechanismen des deutschen Schulsystems besonders betroffen sind. So sind etwa die Anteile der Nichtversetzung bei ausländischen Schülerinnen und Schülern in allen Schulstufen und -formen höher als bei deutschen. Bereits in der Grundschule müssen ausländische Kinder, je nach Bundesland[37], zwei- bis viermal so oft eine Klasse wiederholen, wie deutsche; am Gymnasium gehören ausländische Schülerinnen und Schüler ca. doppelt so oft zu den Klassenwiederholern wie deutsche[38]. Man kann auch sehen, dass sich der Bildungserfolg von Kindern und Jugendlichen mit Migrationshintergrund nach Bundesland, Region, Nationalität bzw. Ethnie und Geschlecht unterscheidet[39], was wahrscheinlich auf die unterschiedliche Verteilung der Migranten auf die Bundesländer und das Schulsystem des einzelnen Bundeslandes zurück zu führen ist.

---

[35] In Deutschland bezeichnete man die Volksschule bis etwa 1968 eine Schulform, in der man in der Regel nach acht Schuljahren den sogenannten Volksschulabschluss erwarb.

[36] Seit Ende 1960er Jahre.

[37] Z.B. in Baden-Württemberg und Bayern.

[38] Gogolin/Neumann/Roth, S. 7.

[39] Britz, S. 2.

Abbildung 6: Verzögerte Schullaufbahnen bei 15-Jährigen 2003 nach Ländern und Herkunftsregionen (in %)

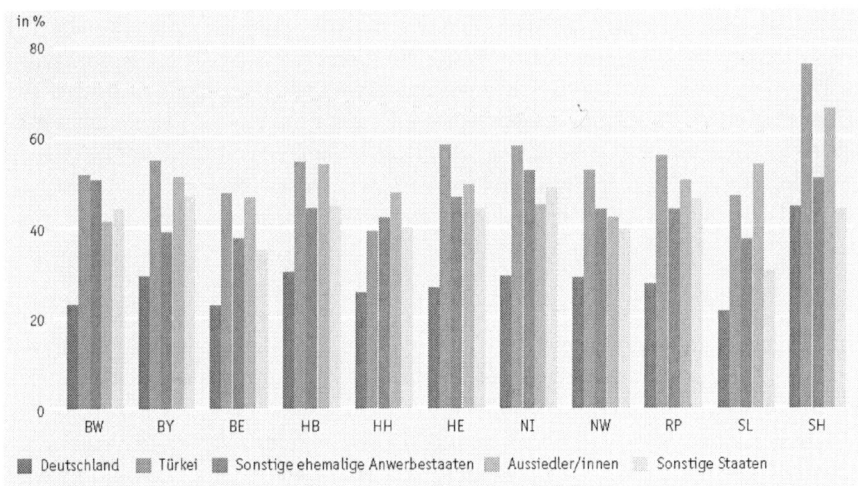

Quelle: BMBF: Konsortium Bildungsberichterstattung: Bildung in Deutschland; 2006

Der Abbildung 6 kann entnommen werden, dass in einigen Bundesländern der Anteil von Kindern mit Migrationshintergrund, die eine verzögerte Schullaufbahn aufweisen, doppelt so hoch ist wie der von Kindern ohne Migrationshintergrund. Hierbei weisen Kinder mit einem türkischen Migrationshintergrund die höchsten Anteile auf; auch die Kinder von (Spät-) Aussiedlern sowie denen aus den restlichen Anwerberstaaten bilden relativ hohe Anteile[40]. Die Abbildung zeigt auch, dass in fast keinem Bundesland die Kinder ohne Migrationshintergrund die Schullaufbahnen auch nur annähernd verzögert wie die Kinder mit Migrationshintergrund durchlaufen. Klassenwiederholungen oder -verzögerungen sind bei deutschen Kindern ohne Migrationshintergrund seltener zu sehen.

2.4.2.4. Bildungserfolg von deutschen und nicht-deutschen Schülerinnen und Schülern im Vergleich

Wie oben unter Punkt 2.4.1 und 2.4.2.1 schon dargestellt und mehrfach angesprochen, ist der Übergang von der Primarstufe in die Sekundarstufe I für die spätere Schul- und Berufskarriere von entscheidender Bedeutung. Je nach Schulart können unterschiedliche Abschlüsse erreicht werden, die eine wichtige Rolle für die Berufswahl und damit verbunden für die Position in der Gesellschaft spielen. Jedoch ist nur

---

[40] Konsortium Bildungsberichterstattung, S. 152.

der Besuch einer bestimmten Schulart für die Auswahl des Berufsweges nicht ausreichend. „Letztlich sind es der Schulabschluss sowie die im Abschlusszeugnis erzielten Noten, mit denen ein Schüler die Sekundarstufe verlässt, die für seine weitere Bildungs- oder für seine Berufskarriere und schließlich für sein erzielbares Erwerbseinkommen relevant sind"[41].

Es lässt sich analog zu den Bildungsbeteiligungen und den besuchten Schulen der Kinder mit Migrationshintergrund vermuten, dass diese im Vergleich zu den Kindern ohne Migrationshintergrund, schlechtere Schulabschlüsse erreichen. Dies soll anhand der folgenden Abbildung deutlich gemacht werden, indem die Verteilung der Bevölkerung mit Migrationshintergrund auf die erreichten Schulabschlüsse und die daraus resultierende Chancenungleichheit des deutschen Bildungssystems erneut gezeigt wird.

Abbildung 7: Bevölkerung im Alter von 25 bis unter 35 Jahren nach Migrationstypen und allgemeinen Schulabschlüssen (in %)* nach dem Mikrozensus 2005

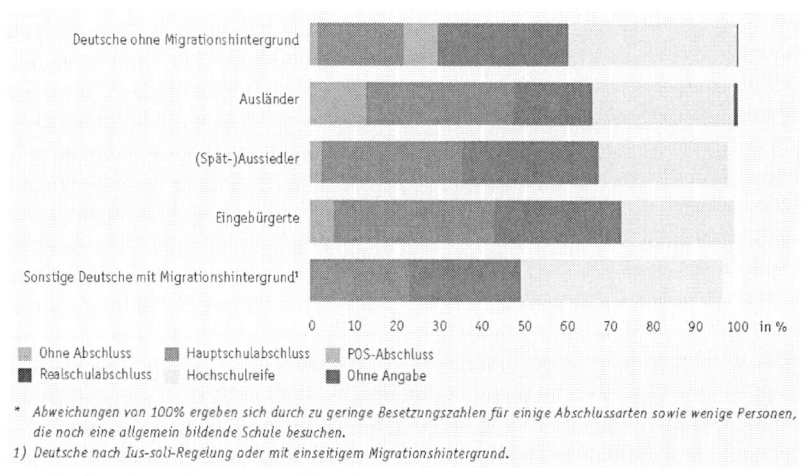

* Abweichungen von 100% ergeben sich durch zu geringe Besetzungszahlen für einige Abschlussarten sowie wenige Personen, die noch eine allgemein bildende Schule besuchen.
1) Deutsche nach Ius-soli-Regelung oder mit einseitigem Migrationshintergrund.

Quelle: BMBF: Konsortium Bildungsberichterstattung: Bildung in Deutschland; 2006

Parallel zu den besuchten Sekundarschultypen lässt sich auch hier zeigen, dass die Kinder und Jugendlichen mit Migrationshintergrund im Vergleich zu den Kindern und Jugendlichen ohne Migrationshintergrund ein niedrigeres Bildungsniveau aufweisen. Besonders die Gruppe der Ausländer verfügt über das niedrigste Bildungsniveau. Über 40% der Ausländer erreichen am Ende der Sekundarstufe nur einen Hauptschulabschluss. Erschreckend ist der Anteil mit etwa 12% an ausländischen

---

[41] Diefenbach 2007, S. 70.

Schulabgängern zwischen 25 und 35 Jahren ohne irgendeinen Abschluss. Im Vergleich hierzu haben fast nur 2% Deutsche ohne Migrationshintergrund zwischen 25 und 35 Jahren keinen Abschluss. Auffallend ist aber auch, dass bei den Ausländern mehr Jugendliche eine Hochschulreife erreichen als einen Realschulabschluss. Die Gruppe der (Spät-)Aussiedler und der Eingebürgerten verfügen über ein mittleres Bildungsniveau. Sie weisen zwar untereinander Unterschiede auf, sind im Ergebnis aber im mittleren Bildungsbereich. Die sonstigen Deutschen mit Migrationshintergrund haben das höchste Bildungsniveau. Wie die Abbildung zeigt, erreichen diese überwiegend immer einen Abschluss. Auch der Erwerb der Hochschulreife ist in dieser Gruppe sehr hoch.

In diesem Zusammenhang ist es noch wichtig zu zeigen, dass sich die Lage der Migranten seit Jahren nicht verändert hat. Zwar kommt es immer wieder mal vor, dass ihr Anteil an den verschiedenen Schularten und den Abschlüssen divergiert, im Ergebnis ist aber zu sehen, dass keine große Veränderung eingetreten ist.

Abbildung 8: Deutsche und ausländische Absolventinnen und Absolventen nach Abschlussarten 2004

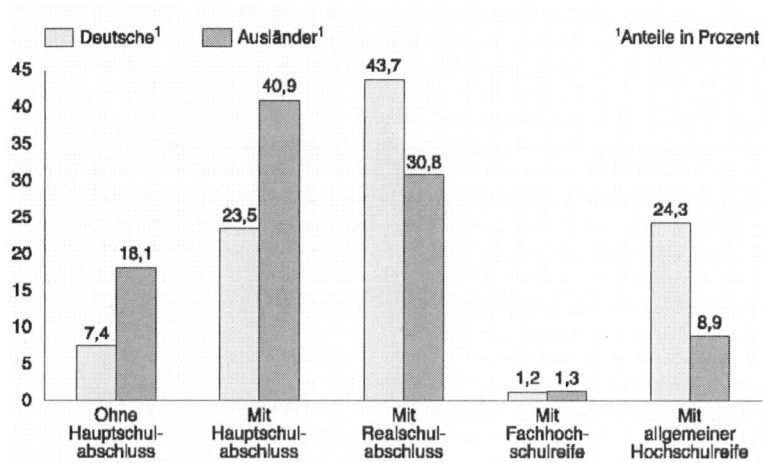

Quelle: Statistisches Bundesamt: Datenreport 2006

Die Gegenüberstellung der ausländischen und deutschen Schülerinnen und Schüler zeigt auch im Jahr 2004, dass im Gegensatz zu deutschen Jugendlichen (7,4%) mehr als doppelt so viel ausländische Jugendliche nicht einmal einen Hauptschulabschluss erreichen. Während 40,9% der ausländischen Schüler einen Hauptschulabschluss erreichen, sind dies bei deutschen Schülern nur 23,5%. Dagegen erlangen die deutschen Schüler häufiger einen Realschulabschluss (43,7%) und die Fachhochschulreife bzw. das Abitur (insgesamt 25,5%), wohingegen nur 30,8% der ausländischen Schülerinnen und Schüler einen Realschulabschluss und nur 10,2% die Fachhochschulreife bzw. das Abitur als Sekundarschulabschluss erreichen. Wie in allen Stufen, ist auch hier eine Ungleichverteilung der Bildungsbeteiligung zu erkennen. Die Bildungsbenachteiligung zieht sich folglich durch das gesamte Bildungssystem.

2.4.2.5. Nationaler Vergleich der erreichten Schulabschlüsse

Diefenbach[42] hat die Daten der amtlichen Bildungsstatistik über die Jahre 1990 bis 2001 berechnet und daraus die Verteilung der ausländischen Sekundarschulabgänger auf die einzelnen Bundesländer dargestellt. Zwar liegt hier der Zeitraum etwas zurück, an der Lage der Schulabgänger und der Verteilung auf die Bundesländer hat sich (nach Diefenbach) aber nichts geändert. Daher erscheint die Abbildung von Diefenbach hier passend.

Abbildung 9: Ausländische Sekundarschulabgänger in den alten Bundesländern nach erreichten Schulabschlüssen (arithmetisches Mittel über die Schuljahre 1990-2001)

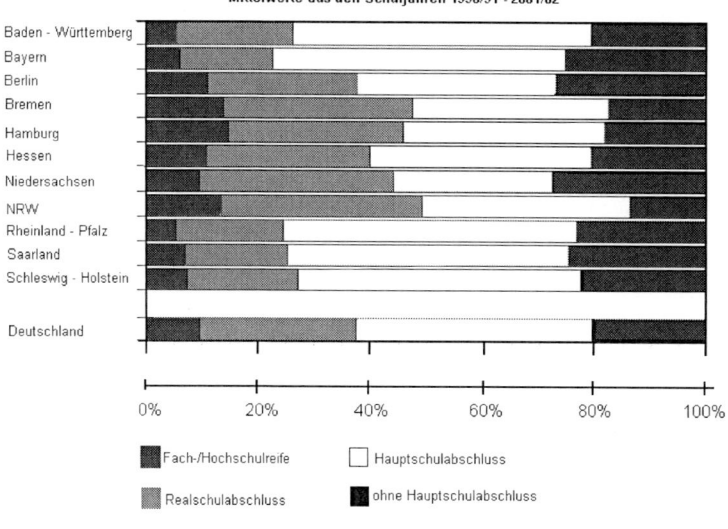

Quelle: Diefenbach

---

[42] Diefenbach 2007, S. 70 ff.

In Abbildung 9 wurden die Mittelwerte aus den Schuljahren 1990/91 bis 2001/02 errechnet. Dabei wiesen bezüglich des Erwerbs eines Hauptschulabschlusses Jugendliche nicht-deutscher Herkunft in Hamburg, ebenso wie in Bremen und in Nordrhein-Westfalen die vergleichsweise geringsten Werte und gleichzeitig hinsichtlich der Absolventinnen und Absolventen der Fach- und Hochschulreife die höchsten Werte auf. Auffallend ist, dass in Baden-Württemberg, zusammen mit Bayern und Rheinlandpfalz, weniger Migrantenkinder die Fach- und Hochschulreife erreicht haben. Diese Bundesländer haben auch den größten Anteil an Schülern mit Hauptschulabschluss.

„In der Gesamtschau ergibt sich, dass Nordrhein-Westfalen, Bremen und Hamburg[43] von den Alten Bundesländern diejenigen sind, in denen die ausländischen Absolventen die für sie vorteilhaftesten Sekundarschulabschlüsse erzielen, nämlich häufiger höherwertige und seltener geringwertige Schulabschlüsse und seltener keinen Schulabschluss als in anderen Bundesländern"[44]. Eine Erklärung dieser starken Abweichungen kann in dem unterschiedlichen Anteil an Migranten in den einzelnen Bundesländern begründet liegen. Im Ergebnis kann festgehalten werden, dass zwischen den einzelnen Bundesländern deutliche Unterschiede in der Bildungsbeteiligung und dem Schulerfolg von Kindern und Jugendlichen mit Migrationshintergrund liegen

2.5. Übergang der Jugendlichen mit Migrationshintergrund in die Berufsausbildung

Wo früher fast die Regel war, dass Jugendliche mit einem Hauptschulabschluss einen Ausbildungsplatz zumindest in den handwerklichen Bereichen fanden, ist es heute allgemein für Hauptschülerinnen und -schüler schwierig, überhaupt einen Ausbildungsplatz zu finden, da die meisten Ausbilder nur noch Jugendliche mit höheren Abschlüssen wie Realschulabschluss oder Abitur bevorzugen. Wenn also allgemein schon kaum Ausbildungsstellen zu finden sind, kann man sich auch hier vorstellen, dass Jugendliche mit Migrationshintergrund – analog den Übergängen in die Sekundarstufe I – beim Übergang in die Berufsausbildung häufiger Schwierigkeiten haben, mit den deutschen Jugendlichen mitzuhalten.

„Die Problematik der Bildungsbeteiligung von Kindern und Jugendlichen mit Migrationshintergrund setzt sich im Bereich der beruflichen Ausbildung fort. Jugendlichen mit Migrationshintergrund besitzen auch hier geringere Chancen als ihre deutschen

---

[43]   Hier erreichen die ausländischen Absolventen vermehrt die Fach- bzw. Hochschulreife. Im Vergleich zu den anderen Bundesländern verlassen die ausländischen Schülerinnen und Schüler seltener die Sekundarstufe ohne einen Hauptschulabschluss.

[44]   Diefenbach 2007, S. 73.

Alterskameraden"[45]. In diesem Zusammenhang schreiben Gogolin/Neumann/Roth[46]: „Zu den Zeichen für die geringeren Chancen von Jugendlichen mit Migrationshintergrund zählt auch, dass ihr Anteil an den Auszubildenden in keinem Wirtschaftsbereich ihrem Bevölkerungsanteil an der Altersgruppe entspricht. Ihre Ausbildungschancen sind am höchsten in den Berufen, die aufgrund geringer Verdienstmöglichkeiten, ungünstiger Arbeitsbedingungen oder schlechter Karrierechancen von deutschen Jugendlichen eher gemieden werden. Diesem Befund entspricht es, dass ausländische Jugendliche wesentlich häufiger arbeitslos bzw. nicht erwerbstätig sind als deutsche und dass sie knapp dreimal so oft in ungelernten oder angelernten Berufen anzutreffen sind wie deutsche Altersgenossen". Damit setzt sich die während der Schullaufbahn begonnene Benachteiligung im deutschen Bildungssystem fort und greift bis in die Chancen ein, einen Arbeitsplatz zu erhalten. Auch hier ist es wieder interessant zu sehen, wie sich der Anteil der Jugendlichen mit Migrationshintergrund an den Auszubildenden im Laufe der Jahre verteilt hat. Das Bundesinstitut für Berufsbildung[47] hat in diesem Zusammenhang den Zeitraum von 1993 bis 2004 näher betrachtet. An der folgenden Abbildung ist die starke Abnahme des Ausländeranteils in den Ausbildungsbereichen sehr gut erkennbar.

Abbildung 10: Ausländeranteil an Auszubildenden in Westdeutschland 1993 bis 2004

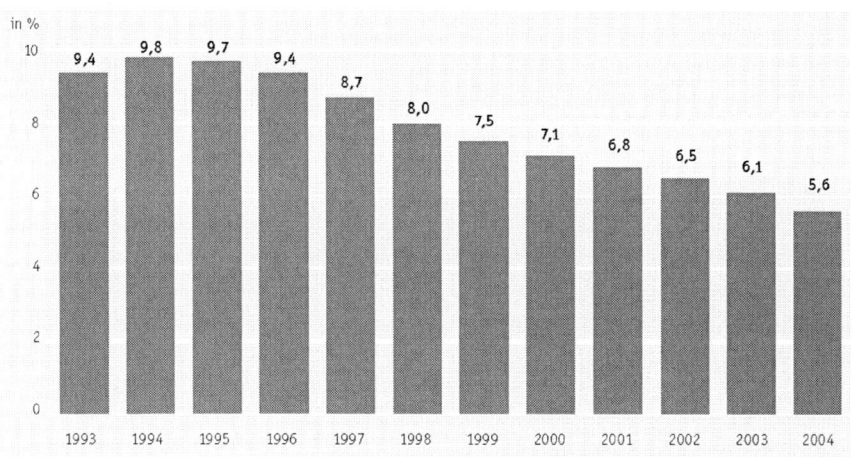

Quelle: BMBF: Konsortium Bildungsberichterstattung: Bildung in Deutschland, 2006

---

[45]   Kuhnke, S. 7.
[46]   Gogolin/Neumann/Roth, S. 9.
[47]   Konsortium Bildungsberichterstattung, S. 154 Abb. H3-5.

Während 9,4% der ausländischen Jugendlichen im Jahr 1994 einen Ausbildungsplatz hatten und ihre Zahl auch im folgenden Jahr auf 9,8% anstieg, ist zu erkennen, dass der Anteil an ausländischen Auszubildenden jährlich abgenommen hat. Ihr Anteil liegt im Jahr 2004 mit 5,6% bei fast halb so viel wie im Jahr 1994. Mit 5,6% sind die ausländischen Jugendlichen im dualen System wieder stark unterrepräsentiert.

Untersuchungen des Übergangspanels des Deutschen Jugendinstituts (DJI) haben ergeben, dass „Hauptschüler mit und ohne Migrationshintergrund [...] von den allgemein zunehmenden Schwierigkeiten beim Übergang von der Schule in eine Berufsausbildung in besonderer Weise betroffen (sind), allerdings mit hohen gruppenspezifischen Differenzen. Der Vergleich der beiden Gruppen zeigt: Jugendliche mit Migrationshintergrund befinden sich im November 2004 deutlich häufiger in der Schule, um allgemein bildende Abschlüsse zu erwerben. Sie befinden sich zu diesem Zeitpunkt deutlich seltener in einer Berufsausbildung. Häufiger als bei Jugendlichen deutscher Herkunft ist ihre erste Station ein berufsvorbereitendes Angebot (BVJ oder BvB-Maßnahme). [...] Nach Herkunftsmerkmal weisen die Türken der 1. und 2. Generation die niedrigste Ausbildungsquote, (Spät-) Aussiedler die höchste auf. Offensichtlich gelingt auch die Integration der in Deutschland geborenen Türken ins Berufsausbildungssystem nicht. [...] Unabhängig davon, welche Unterschiede in individuellen Merkmalen man in Rechnung stellt, zeigt sich, dass die Erfolgswahrscheinlichkeit zum Erreichen eines Ausbildungsplatzes bei den Jugendlichen mit Migrationshintergrund deutlich niedriger ist als bei Deutschen"[48]. Im Ergebnis kann hier also auch wieder festgehalten werden, dass Jugendliche mit Migrationshintergrund deutlich bessere Leistungen erbringen müssen, als ihre gleichaltrigen deutschen Schüler, um eventuell doch noch in ein Ausbildungsverhältnis aufgenommen zu werden. Dies bringt selbstverständlich Schwierigkeiten und ungleiche Chancen mit sich, was wiederum dazu führt, dass Jugendliche mit Migrationshintergrund an qualifizierten Berufsausbildungen unterrepräsentiert sind. Doch auch Schulabgängerinnen und Schulabgänger aus Migrantenfamilien mit weiterführenden Schulabschlüssen haben seit Jahren Schwierigkeiten beim Zugang zu einer dualen Ausbildung. Dies weist darauf hin, dass außer den formalen Bildungsabschlüssen auch andere Mechanismen[49] der Ausgrenzung aus beruflicher Ausbildung wirksam sind.

„Noch ungünstiger sehen die Zugangschancen junger Frauen ausländischer Nationalitäten zu einer beruflichen Qualifizierung aus: Trotz besserer Schulabschlüsse im Vergleich zur männlichen Vergleichsgruppe sind 2004 nur 23 Prozent der jungen Frauen mit ausländischem Pass in einer Ausbildung im dualen System – noch seltener als männliche Jugendliche ausländischer Nationalität (28%) und wesentlich seltener als junge deutsche Frauen (48%)"[50].

---

[48]   Konsortium Bildungsberichterstattung, S. 153 ff.
[49]   Nämlich Migrationshintergrund, Ethnie, Religion und Geschlecht.
[50]   Granato, S. 105 f. und 110.

2.6. Die Kompetenzen der Kinder mit Migrationshintergrund nach der internationalen Schulleistungsvergleichsstudie PISA

PISA und die anderen Vergleichsstudien haben seit Jahren für große Aufregung gesorgt, nachdem die Tests ergeben hatten, dass Deutschland deutlich unter dem OECD-Durchschnitt lag. Im Zusammenhag mit der Migrationsproblematik und der Bildungsbenachteiligung finde ich es wichtig, die Leistungen der Kinder mit Migrationshintergrund auch kurz nach der PISA-Studie darzustellen.

Bei PISA handelt es sich um die bisher umfassendste Schulleistungsstudie, die international durchgeführt wurde. Sie ist über einen längeren Zeitpunkt angelegt mit jeweils wechselndem Schwerpunkt (2000: Lesekompetenz; 2003: mathematische Grundbildung; 2006: naturwissenschaftliche Grundbildung). Neben speziell entwickelten Leistungstests werden mit Hilfe von verschiedenen Fragebögen Hintergrundmerkmale von den Schülerinnen und Schülern sowie von den Schulen erhoben. Die PISA-Studien sollen den OECD-Mitgliedstaaten[51] vergleichende Daten über ihre Bildungssysteme zur Verfügung stellen[52]. In PISA 2000 wurde die „Migrationsgeschichte" der Schülerinnen und Schüler durch Angaben zum Geburtsort der Mutter und des Vaters sowie zur Sprache in der Familie ermittelt. Damit ist gegenüber den üblichen Bildungsstatistiken eine deutlich weiter reichende Möglichkeit gegeben, Disparitäten der Bildungsbeteiligung von Kindern und Jugendlichen mit und ohne Migrationshintergrund zu ermitteln und Ansätze für Erklärungen zu suchen[53].

2.6.1. Bildungsbeteiligung von Jugendlichen aus Migrationsfamilien

In der folgenden Abbildung wird die Verteilung der 15-jährigen Jugendlichen mit Migrationshintergrund auf die einzelnen Sekundarschultypen dargestellt, wobei auch nach dem Migrationsstatus der Eltern unterschieden wird, nämlich danach, ob beide Eltern, nur ein Elternteil oder kein Elternteil in Deutschland geboren wurde oder ob die Familie insgesamt eine Migrationsgeschichte hat.

Auch hier ist deutlich zu sehen, dass ein großer Unterschied bei der Bildungsbeteiligung und dem Besuch der Sekundarschultypen zwischen Kindern ohne Migrationshintergrund und solchen mit Migrationshintergrund besteht.

---

[51] OECD steht für „Organisation for Economic Co-operation and Development". Die OECD-Staaten sind: Australien, Belgien, Dänemark, Deutschland, Finnland, Frankreich, Griechenland, Irland, Island, Italien, Japan, Kanada, Luxemburg, Mexiko, Neuseeland, Niederlande, Norwegen, Österreich, Polen, Portugal, Schweden, Schweiz, Südkorea, Slowakei, Spanien, Tschechien, Türkei, Ungarn, Vereinigte Staaten, Vereinigtes Königreich.

[52] Kuhnke, S. 15.

[53] Gogolin/Neumann/Roth, S. 13.

Abbildung 11: 15-Jährige nach Migrationshintergrund der Familie und Bildungsgang ohne Sonderschüler (in %)

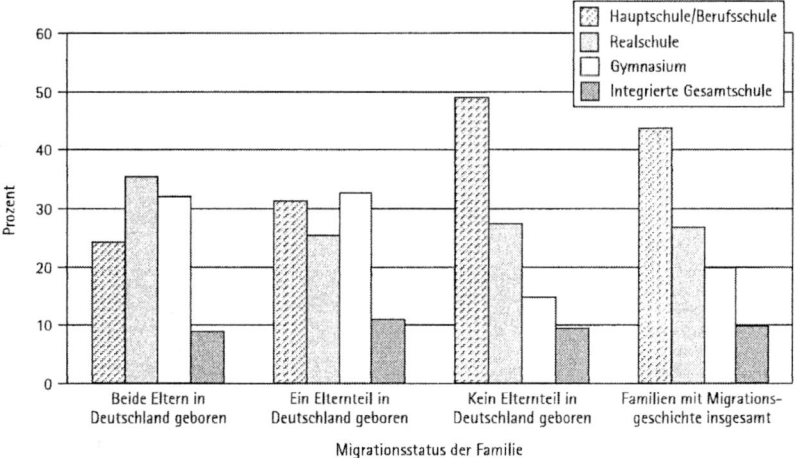

Quelle: PISA 2000

Bei Jugendlichen, deren entweder beide Eltern oder nur ein Elternteil in Deutschland
geboren wurden, ist der Unterschied an der Bildungsbeteiligung nicht groß. Hier
unterscheidet sich fast nur die Verteilung auf die Haupt- und Realschulen. Während
Kinder, deren beide Eltern in Deutschland geboren wurden, häufiger eine Realschule
besuchen, besuchen Kinder mit nur einem in Deutschland geborenen Elternteil vermehrt die Hauptschule oder das Gymnasium.

Die Verteilung bei Kindern mit keinem in Deutschland geborenen Elternteil oder bei
Familien mit einer gesamten Migrationsgeschichte ist der Besuch von höheren Bildungsgängen eher gering. Hier besuchen zwischen 40-50% Jugendlichen die Hauptschule, gefolgt von der Realschule mit weniger als 30%. Der Besuch eines Gymnasi-
ums liegt hingegen bei weniger als 20%.

„Weder die soziale Lage noch die kulturelle Distanz als solche sind primär für Disparitäten der Bildungsbeteiligung verantwortlich; von entscheidender Bedeutung ist
vielmehr die Beherrschung der deutschen Sprache auf einem dem jeweiligen Bildungsgang angemessenen Niveau. Für Kinder aus Zuwandererfamilien ist die
Sprachkompetenz die entscheidende Hürde in ihrer Bildungskarriere"[54].

Zusammenhängend mit dem Sprachproblem ist auch wichtig zu untersuchen, wie
sich die Lesekompetenz der Jugendlichen mit Migrationshintergrund auf die einzelnen Kompetenzstufen verteilt. Darauf wird im Folgenden näher eingegangen.

---

[54] Artelt/Baumert/Klieme u.a., S. 38.

2.6.2. Kompetenzerwerb von Jugendlichen mit Migrationshintergrund

Abbildung 12: 15-Jährige nach Migrationsstatus und mindestens erreichter Kompetenzstufe im Lesen (in %)

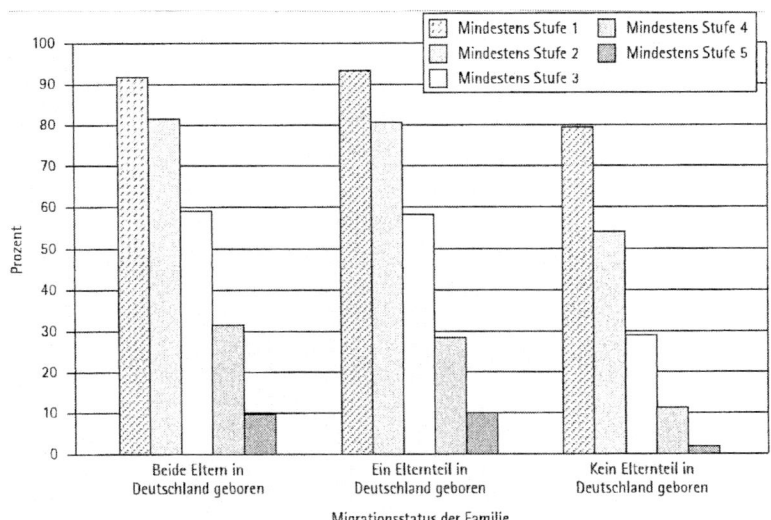

Quelle: PISA 2000

Betrachtet man die am Ende der Vollzeitschulpflicht erreichte Lesekompetenz von Jugendlichen aus Familien mit Migrationshintergrund, wird zunächst sichtbar, dass sich Jugendliche aus Familien, in denen beide Eltern in Deutschland geboren wurden, oder wo nur ein Elternteil in Deutschland geboren wurde in ihrer Verteilung auf die Kompetenzstufen im Lesen nicht unterscheiden. Anders sehen die Verhältnisse bei den Jugendlichen aus, die aus einem Elternhaus kommen, wo beide Eltern zugewandert sind. Der Anteil extrem schwacher Leser steigt auf 20%. Fast 50% der Jugendlichen aus Zuwandererfamilien überschreiten im Lesen nicht die elementare Kompetenzstufe I, obwohl über 70 Prozent von ihnen die deutsche Schule vollständig durchlaufen haben[55]. „Nur etwa 2% der Jugendlichen, deren beide Eltern nach Deutschland zugewandert sind, (gehören) zu den ʻexzellenten Lesernʻ. Dieses Resultat ist nicht domänenspezifisch; vielmehr wurde ermittelt, dass sich eine mangelnde Leskompetenz im Deutschen kumulativ auf die mathematische und naturwissenschaftliche Leistungsfähigkeit auswirkt. Schülerinnen und Schüler mit unzureichen-

---

[55]   Artelt/Baumert/Klieme u.a., S. 39.

der Lesekompetenz sind vermutlich in allen akademischen Domänen in ihrem Kompetenzerwerb beeinträchtigt"[56].

Für die 50% der Jugendlichen, die nicht einmal die Kompetenzstufe I erreichen, bedeutet dies, dass sie im Alltag nicht in der Lage sind, aus einfachen Sachtexten oder Zeitungsartikeln die wesentlichen Informationen zu entnehmen. Auch hier wird wieder sichtbar, dass Schülerinnen und Schüler mit keinem oder nur teilweisem Migrationshintergrund besser abschneiden als Kinder, deren beide Elternteile im Ausland geboren wurden und die nach Deutschland zugewandert sind.

Pommerin-Götze[57] schreibt in diesem Zusammenhang: „Die Kinder der dritten und nunmehr vierten Generation von Zuwanderern gehören zu dem unteren Drittel einer extremen Risikogruppe ohne strukturelle Aufstiegschancen. Die daraus erwachsenden Gefahren einer „industriellen Reservearmee" (Marx) sind seit Jahren vielerorts beschworen worden. Die strukturelle Benachteiligung von Kindern und Jugendlichen aus Migrantenfamilien führt somit zu einer immensen Vergeudung des „sozialen" und „kulturellen Kapitals", das sich letztlich keine Gesellschaft wird leisten können – weder aus Sicht der Gesellschaft selbst und schon gar nicht aus der Perspektive der einzelnen Individuen". Der überhöhte Anteil der so genannten „Risikogruppe schwacher und extrem schwacher Leser" ist ein unakzeptabler Zustand für das deutsche Bildungswesen. Er ist zugleich ein Alarmsignal für die moderne Wissens- und Bildungsgesellschaft im Ganzen[58].

Im Folgenden sollen die deutlichen Unterschiede der Jugendlichen mit und ohne Migrationshintergrund in den drei Kompetenzbereichen im nationalen Vergleich dargestellt werden.

---

[56] Gogolin/Neumann/Roth, S. 13.
[57] Pommerin-Götze, S. 149; Deutsches PISA-Konsortium 2001.
[58] Schor, S. 34.

2.6.3. Vergleich der Bundesländer nach PISA

Tabelle 1: Durchschnittliche Testleistungen von Schülern mit Migrationshintergrund in den PISA-Testländern*[59]

	Lesen		Mathematik		Naturwissen-schaften	
	2000	2003	2000	2003	2000	2003
Bayern	489	477	505	486	479	481
Baden-Württemberg	470	467	475	477	456	468
Rheinland-Pfalz	459	456	456	463	459	467
Hessen	452	439	460	455	444	443
Nordrhein-Westfalen	448	446	447	457	438	451
Niedersachsen	448	448	453	468	428	459
Schleswig-Holstein	441	449	463	459	445	446
Saarland	442	446	440	465	463	460
Bremen	424	433	436	443	418	441
Hamburg	n.t.	449	n.t.	454	n.t.	451
Berlin	n.t.	444	n.t.	452	n.t.	454

*Schülern mit Migrationshintergrund mit mindestens einem Elternteil, das im Ausland geboren wurde.

n.t. = nicht teilgenommen

Quelle: Hunger/Thränhardt in: Auernheimer 2006

- Im Kompetenzbereich „Lesen" haben im Vergleich zu den anderen Bundeslän-dern die Jugendlichen mit Migrationshintergrund in Bayern mit einem Mittelwert von 489 die besten Leseleistungen erbracht. Die meisten anderen Bundesländer folgen diesem Wert sehr knapp. So erreichten auch in Baden-Württemberg (470) die Jugendlichen mit einem Migrationshintergrund ähnlich gute Leseleistungen wie in Bayern. Nordrhein-Westfalen und Niedersachsen liegen mit einem Mit-telwert von 448 eher im mittleren Bereich. Was die Lesekompetenz betrifft, haben die Schülerinnen und Schüler in Bremen mit einem Mittelwert von 424 den niedrigsten Wert erreicht und schneiden dort somit am schlechtesten ab.
- Im Kompetenzbereich „Mathematik" erreichen die Schülerinnen und Schüler in Bayern wieder mit einem Mittelwert von 505 das höchste Leistungsniveau, an zweiter Stelle liegt wieder Baden-Württemberg mit 475, im mittleren Bereich

---

[59]   Hunger/Thränhardt, S. 54.

liegen Rheinland-Pfalz (456) und Nordrhein-Westfalen (447). Das niedrigste Leistungsniveau weisen diesmal die Bundesländer Saarland mit 440 und Bremen mit 436 auf.

- Auch im Kompetenzbereich „Naturwissenschaften" hat Bayern mit einem Mittelwert von 479 den ersten Platz belegt, gefolgt von den Ländern Saarland (463), Rheinland-Pfalz (459), Baden-Württemberg (456) und Schleswig-Holstein (445). Erneut schneidet auch hier das Land Bremen mit 418 am schlechtesten ab.

Im Vergleich von Jugendlichen mit und ohne Migrationshintergrund sind wieder erhebliche Unterschiede in den erreichten Leistungen sichtbar. Dies sollen zum einen die unten dargestellten Abbildungen 13a-13c und zum anderen die Tabelle 2 verdeutlichen.

Abbildung 13a: Leistungsniveau von 15-jährigen Jugendlichen mit und ohne Migrationshintergrund für den Kompetenzbereich „Lesen"

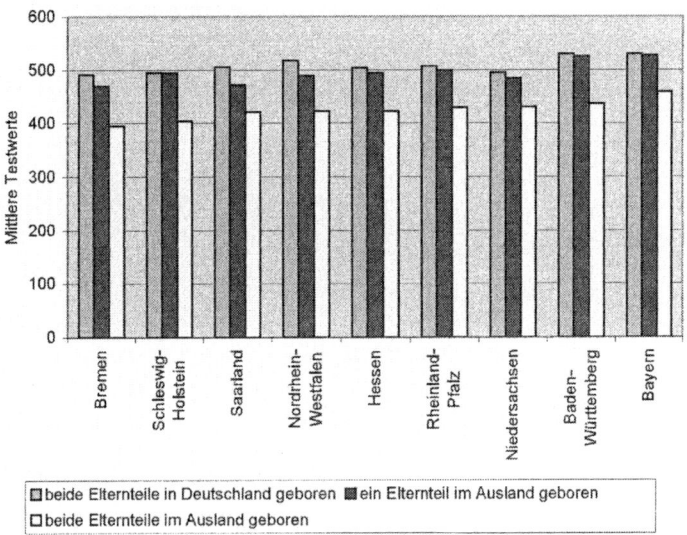

Quelle: Stanat P. in: Deutsches PISA-Konsortium: PISA 2000; 2003

Abbildung 13b: Leistungsniveau von 15-jährigen Jugendlichen mit und ohne Migrationshintergrund für den Kompetenzbereich „Mathematik"

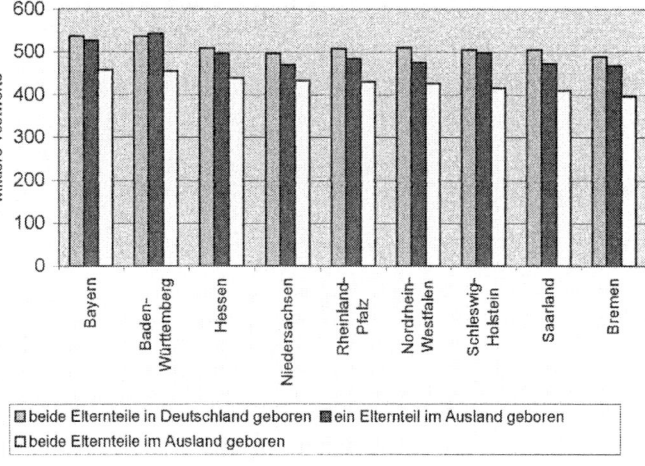

Quelle: Stanat P. in: Deutsches PISA-Konsortium: PISA 2000; 2003

Abbildung 13c: Leistungsniveau von 15-jährigen Jugendlichen mit und ohne Migrationshintergrund für den Kompetenzbereich „Naturwissenschaften"

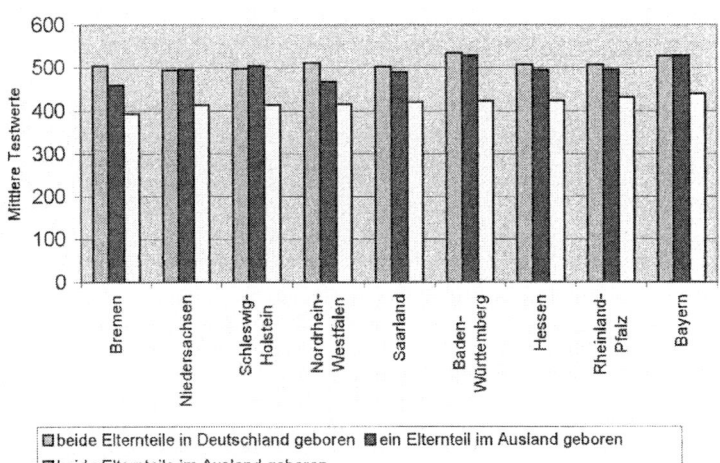

Quelle: Stanat P. in: Deutsches PISA-Konsortium: PISA 2000; 2003

Tabelle 2: Differenz der durchschnittlichen Testleitungen zwischen Schülern mit und ohne Migrationshintergrund in den PISA-Testländern*

	Lesen		Mathematik		Naturwissen-schaften	
	2000	2003	2000	2003	2000	2003
Bayern	38	59	31	47	49	69
Baden-Württemberg	57	66	52	61	71	75
Rheinland-Pfalz	52	45	56	47	49	46
Hessen	51	74	46	72	60	79
Nordrhein-Westfalen	67	61	55	54	66	67
Niedersachsen	56	51	50	43	73	59
Schleswig-Holstein	58	54	46	54	61	71
Saarland	57	55	64	47	34	63
Bremen	62	62	50	53	75	66
Hamburg	n.t.	59	n.t.	52	n.t.	67
Berlin	n.t.	58	n.t.	59	n.t.	62

*positiver Wert bedeutet, dass der Mittelwert der Testleistungen von Schüler ohne Migrationshintergrund größer ist als von Schülern mit Migrationshintergrund. Alle Unterschiede sind statistisch signifikant.

n.t. = nicht teilgenommen

Wie im internationalen Vergleich sieht man auch im nationalen Bereich, dass die Jugendlichen mit Migrationshintergrund in allen drei Testbereichen Lesen, Mathematik und Naturwissenschaften schlechter abschneiden als Jungendliche ohne Migrationhintergrund. Die Abbildungen 13a-13c zeigen, dass die Leistungen in den Bundesländern unterschiedlich verteilt sind. Baumert und Schümer kommen zu der Schlussfolgerung, dass „die Leistungsdifferenzen von Land zu Land und von Domäne zu Domäne erheblich variieren" können[60]. Mit der Förderung von Kindern und Jugendlichen mit Migrationshintergrund sind die einzelnen Bundesländer unterschiedlich gefordert. Dies resultiert zum Teil daraus, dass der Anteil der Migranten in den Bundesländern unterschiedlich groß ist. Jedoch „zeigt der Vergleich der Bundesländer auch, dass der Anteil der Schülerinnen und Schüler mit Migrationshintergrund kein Prädiktor für den erwartbaren Kompetenzerwerb ist. Dies wird insbesondere daran deutlich, dass es beachtliche Leistungsunterschiede auch zwischen

---

[60] Baumert/Schümer, S. 201.

solchen Ländern gibt, die nur einen geringen Anteil von Lernenden mit Migrationshintergrund in ihren Schulen haben"[61].

Während in der 2000er PISA-Studie Bayern die geringsten Leistungsunterschiede
zwischen Schülern mit und ohne Migrationshintergrund aufwies, traten bei der Studie 2003 die geringsten Unterschiede in Rheinland-Pfalz auf. In den Bundesländern,
in denen der Schulerfolg von Schülern mit Migrationshintergrund am geringsten ist,
waren die Leistungsunterschiede zwischen Schülern mit und ohne Migrationshintergrund nach der PISA-Studie am geringsten[62].

Im Ergebnis kann hier wieder festgehalten, dass die Jugendlichen mit Migrationshintergrund in allen Kompetenzbereichen deutlich schlechter abschneiden, als die
Jugendlichen ohne Migrationshintergrund. Vor allem ist das Leistungsniveau von
Schülerinnen und Schülern, deren beide Elternteile im Ausland geboren wurden,
besorgniserregend, da ihre Leistungen auch erheblich schlechter sind, als von
Jugendlichen mit nur einem im Ausland geborenen Elternteil. 50% der Schülerinnen
und Schüler mit Migrationshintergrund weisen im Bereich Lesen nur ein Grund-
schulniveau auf. Wie oben schon erwähnt, wirkt sich die gering ausgeprägte Lesekompetenz auch erheblich auf die mathematische und naturwissenschaftliche Grundbildung aus. Auch die IGLU-Studie hat ergeben, dass „im bundesdeutschen Durchschnitt [...] Kinder aus Familien ohne Migrationshintergrund am besten (abschneiden). Jeweils signifikant niedriger sind die Kompetenzen von Kindern aus Familien,
in denen ein bzw. beide Elternteile im Ausland geboren wurden. Die Unterschiede
bestehen auch in den mathematischen und naturwissenschaftlichen Kompetenzen"[63].

---

[61] Gogolin/Neumann/Roth, S. 14.
[62] Hunger/Tränhardt, S. 53f.
[63] Bos/Lankes/Prenzel, S. 21.

2.7. Resümee

Die bisher aufgeführten Daten und Fakten zeigen, dass das deutsche Schul- und Bildungssystem über eine starke herkunftsbezogene Selektivität verfügt. Die Kinder und Jugendlichen mit Migrationshintergrund haben im Vergleich zu ihren gleichaltrigen Mitschülerinnen und -schülern ohne Migrationshintergrund erheblich weniger Chancen, höhere Schulformen zu besuchen. So sind Schülerinnen und Schüler mit Migrationshintergrund an Hauptschulen und Förderschulen stark überrepräsentiert, wohingegen sie an Realschulen und Gymnasien deutlich unterrepräsentiert sind. Auch erreichen sie seltener höhere Schulabschlüsse, wie etwa das Abitur. Oft verlassen diese Jugendlichen die Sekundarstufe I ohne einen Abschluss, was zur Folge hat, dass sie nur schwer oder überhaupt keine Berufsausbildung ausüben können. Dies zieht wieder eine höhere Arbeitslosenquote mit sich. Beim Vergleich der Nationalitäten ist zu sehen, dass vor allem die Kinder und Jugendlichen mit türkischer und italienischer Herkunft in allen Bereichen schlechter abschneiden, als viele andere Nationalitäten.

Die schlechte Bildungsbeteiligung und Bildungschancen von Kindern und Jugendlichen mit Migrationshintergrund zeigen sich sowohl an den Ergebnissen der PISA- und IGLU-Studien, als auch an den neueren Ergebnissen nach dem Mikrozensus.

Die genannten Ergebnisse werfen die Frage nach Erklärungen für die unterschiedlichen Bildungschancen innerhalb der Schülerschaft im deutschen Schulsystem auf.

Im folgenden Kapitel wird auf die unterschiedlichen Erklärungsversuche für die Bildungsbeteiligung und die Chancenungleichheit im deutschen Bildungssystem eingegangen.

3. Ursachen für die Benachteiligung von Kindern und Jugendlichen mit Migrationshintergrund im deutschen Schulsystem

Die im ersten Kapitel beschriebenen Ungleichheiten und Benachteiligungen von Kindern und Jugendlichen mit Migrationshintergrund im deutschen Bildungssystem haben bereits zahlreiche Erklärungsversuche hervorgerufen, welche aber insgesamt nicht sehr befriedigend sind.

Nach Krüger-Potratz[64] gibt es für den Bildungserfolg bzw. für die Bildungsbenachteiligung von Kindern und Jugendlichen mit Migrationshintergrund vielfältige Gründe, wobei sie exemplarisch den Verlauf des Migrationsprozesses, die Sicherheit des Aufenthaltsstatus, die soziale Herkunft bzw. den Sozialstatus im Aufnahmeland, die Bildungsbiographien der Eltern, das Umfeld, in dem die Familien leben, aber auch die Schule selbst und damit die Bildungspolitik nennt. Weiterhin äußert sie, dass „entgegen der immer noch in der Öffentlichkeit gedankenlos tradierten Auffassung, dass die Ursachen hauptsächlich auf Seiten der eingewanderten Familien und deren `fremder Kultur´ zu suchen seien, […] verschiedene […] Studien gezeigt (haben), dass die institutionelle Verfasstheit der Schule, das hochgradig sozial und kulturell selektive deutsche Schulsystem und die diesem zugrunde liegenden bildungspolitischen Entscheidungen eine wichtige Rolle spielen"[65]. Auch Gogolin/Neumann/Roth[66] schreiben, dass sich über längere Zeit Versuche, den geringeren Bildungserfolg von Migrantenkindern zu erklären, hauptsächlich darauf gerichtet haben, Merkmale und Eigenschaften der Gewanderten selbst für ihr Scheitern verantwortlich zu machen. „Viele Untersuchungen haben sich auf den Faktor „Nationalität" konzentriert. Dafür war nicht allein verantwortlich, dass andere als nationalitätenspezifische Daten nicht zur Verfügung standen, sondern auch die zunächst verbreitete Annahme, das in den auf die staatliche Herkunft zurückführbaren „Mentalitäten" und Lebenspraktiken der Migranten Erklärungen für ihre Schlechterstellung in der Schule liegen. […] Bei genauerem Hinsehen haben sich solche Ergebnisse bislang jedoch stets als brüchig und widersprüchlich erwiesen"[67].

Wie soeben angedeutet, gibt es verschiedene Erklärungsversuche für die Bildungsbenachteiligung von Kindern und Jugendlichen mit Migrationshintergrund. Bei dem Versuch, nach Ursachen für die Bildungsbenachteiligungen zu suchen, kann zwi-

---

[64]   Krüger-Potratz, S. 67.
[65]   Krüger-Potratz, S. 67.
[66]   Gogolin/Neumann/Roth, S. 18 f.
[67]   Gogolin/Neumann/Roth, S. 18 f.

schen außerschulischen und innerschulischen Aspekten unterschieden werden. Bei den außerschulischen Aspekten geht es um die Merkmale der Migrantenkinder oder ihrer Eltern, bei den innerschulischen dagegen um die Merkmale der Schule als Institution. In diesem Zusammenhang wird auch auf die Kapitaltheorie nach Bourdieu, die institutionelle Diskriminierung und schließlich auf die Bedeutung der Sprachkompetenz für den Bildungserfolg eingegangen. Insgesamt erhält der Umgang mit sprachlichen Differenzen nachfolgend eine genauere Betrachtung, da auf ihm das Hauptaugenmerk dieser Arbeit liegt.

3.1. Außerschulische Aspekte – Merkmale der Migrantenkinder oder ihrer Eltern

3.1.1. Erklärung durch kulturelle Defizite

Bei der Diskussion um die Bildungsbeteiligung bzw. den Bildungserfolg von Kindern und Jugendlichen mit Migrationshintergrund stößt man immer wieder auf den Begriff der Kultur: Kultur als etwas, was die nicht-deutschen Kinder von den deutschen Kindern unterscheidet und somit für den Bildungsmisserfolg von Nichtdeutschen verantwortlich gemacht wird. Aufgrund der im zweiten Kapitel aufgeführten Ergebnisse lässt sich vermuten, dass Kinder und Jugendliche, die während der ersten Lebensjahre in einem anderen Land und somit auch in einem anderen kulturellen Kontext sozialisiert wurden, oder Kinder und Jugendliche, die zwar in Deutschland geboren wurden, aber in deren Elternhaus eine andere Sprache gesprochen wird und die von einer anderen Kultur umgeben sind, eher Schwierigkeiten haben, sich dem deutschen Schulsystem anzupassen und auch erfolgreich zu sein.

„Kulturalistische Erklärungen beziehen sich auf die traditionelle Werte- und Deutungsmuster, wie etwa eine traditionelle Familienorientierung, die einer erfolgreichen Bildungslaufbahn von Zuwanderern entgegenstehen können. Etwas allgemeiner formuliert lassen sich unter dieser Perspektive Ansätze subsumieren, die das Ausmaß der kulturellen Orientierung von Zuwanderern an der Herkunftsgesellschaft einerseits und an der Aufnahmegesellschaft andererseits in den Blick nehmen"[68]. Glumpler[69] geht in diesem Zusammenhang von kulturspezifischen Lernerfahrungen bei Kindern und Jugendlichen mit Migrationshintergrund aus, die zu sprachlichen und inhaltlichen Unterschieden bei Begriffen und Vorstellungen von Familienformen und –leben, von Wohnen und alltäglichen Gebrauchsgegenständen im Haushalt, von Spielen und Spielzeug sowie unterschiedliche Erfahrungen im Umgang mit Raum

---

[68] Stanat, S. 191.
[69] Glumpler, S. 131 f.

und Zeit, führen. Sie ist der Ansicht, dass ausländische Kinder aus ihrer Familien- und Spielwelt Lernerfahrungen mitbringen, die teilweise nicht mit den Erfahrungen deutscher Gleichaltriger übereinstimmen.

Somit wirken sich die Kontakte der Kinder und Jugendlichen mit Migrationshintergrund zu ihrer Herkunftskultur, sowie ihre soziale Lebenssituation erheblich auf ihre kulturelle Identität aus. Die kulturellen und sozialen Faktoren stehen daher in einem engen Zusammenhang, wodurch die Lebenswirklichkeit dieser Schülerinnen und Schüler beschrieben werden kann. Nach Diefenbach[70] lautet die Grundthese der Erklärung für die Nachteile von Migrantenkindern durch kulturelle Defizite, dass die Kinder und Jugendlichen mit Migrationshintergrund aufgrund ihres kulturellen Erbes Defizite hinsichtlich dessen aufweisen, was als normal vorausgesetzt wird und was die Kinder in die Institutionen der Bildung und Erziehung mitbringen. Hierbei unterscheidet sie zwischen zwei Varianten, nämlich der defizitären Herkunfts- oder Lernkultur und der defizitären schichtspezifischen Kultur. Die Migrationserfahrungen und die auf die ethnische Herkunft rückführbaren „Mentalitäten" und Lebenspraktiken der Migranten bedingen also bei den Kindern und Jugendlichen mit Migrationshintergrund, gemessen am Durchschnitt der deutschen Schülerschaft eine defizitäre Persönlichkeit, die sich nachteilig auf die Bildungsbeteiligung und den Bildungserfolg auswirkt[71].

3.1.1.1. Defizitäre Herkunfts- oder Lernkultur

Mit dem oben[72] genannten „kulturellen Erbe" steht die Enkulturation in einem engen Zusammenhang[73]. Enkulturation meint den Prozess, „durch den ein Kind in die Kultur eingeführt wird, während dessen es die konstituierenden Elemente einer Kultur und die spezifische Form, in der sie aufeinander bezogen sind, kennenlernt und verinnerlicht"[74]. Nach Cleassens[75] prägt das Kind mit der Enkulturation in der Kernfamilie eine Grund- oder Basispersönlichkeit aus, welche nicht mehr verändert werden kann, wenn sie erst einmal entwickelt ist. Diefenbach wirft an dieser Stelle die Frage auf, „welche Effekte es hat, wenn Kinder durch die Sozialisation in der Familie in eine bestimmte Kultur enkulturiert werden, ihre Umgebung aber eine andere Kultur repräsentiert oder sich aufgrund einer Migration ändert", und beantwortet diese Frage wie folgt: „Wenn zwischen der Basispersönlichkeit des Kindes und der es umgebenden Kultur eine Kluft besteht, dann ist es vermutlich für das Kind schwierig, sich in seiner Umgebung zu bewegen bzw. dort zu „funktionieren"; in der neuen, kulturell

---

[70] Diefenbach 2007, S. 89.
[71] Karakaşoğlu-Aydın, S. 291.
[72] Siehe oben S. 38 f.
[73] Diefenbach 2007, S. 90.
[74] Diefenbach 2007, S. 90.
[75] Cleassens, S. 103 zitiert nach Diefenbach 2007, S. 90.

anders geprägten Umgebung ist die Basispersönlichkeit des Kindes defizitär"[76]. Nach Erikson[77] ergibt sich aus diesem Kulturkonflikt unmittelbar ein Identitätskonflikt, weil die betroffenen Kinder und Jugendlichen zwischen zwei Kulturen hin und her gerissen sind und dies zu einer Störung der Identitätsbildung führt. Diese Kinder und Jugendlichen fühlen sich weder in der einen, noch in der anderen Kultur zu Hause und können sich mit keiner identifizieren. Dadurch findet eine so genannte Identitätsdiffusion statt, die dann entsteht, wenn an junge Menschen Anforderungen von verschiedenen Seiten gestellt werden, die sie nicht bewältigen können. Die Folge davon ist vorübergehende oder dauernde „Unfähigkeit ihres Ichs zur Bildung einer Identität"[78].

Der geringe Schulerfolg von Kindern und Jugendlichen mit Migrationshintergrund wird oft auf verschiedene kulturbedingte Defizite gestützt. Diefenbach[79] zählt hierzu exemplarisch einige in der Literatur benannte Defizite auf, nämlich den autoritären Erziehungsstil und die Verhinderung der Selbständigkeit und Mitbestimmung der Kinder[80], die mangelnde Anerkennung von Lernen und Leistung als Werte[81], die mangelnde Einsicht in die Notwendigkeit eines regelmäßigen Schulbesuchs und Unkenntnis des deutschen Schulsystems sowie Verhaltensprobleme bis hin zu Neurosen aufgrund des in den Kindern stattfindenden „Kulturkonflikts"[82]. Aus der Forschung über bikulturell aufwachsende Kinder[83] weiß man aber, dass nur selten grundlegende Identitätsschwierigkeiten oder kulturelle Zerrissenheit erlebt wird und dass bikulturell aufwachsende Menschen nicht zwischen zwei Welten leben, sondern zwei Welten in sich vereinen, und dass Bikulturalität nicht zu verstehen ist als doppelte Monokulturalität, sondern dass aus der Synthese der beiden Kulturen ein Neues, Drittes entsteht.

Die unterschiedlichen Norm- und Wertvorstellungen in den Migrantenfamilien gelten auch als ein sich auf den schulischen Erfolg negativ auswirkender Faktor. Aus Angst vor einer Entfremdung ihrer Kinder durch die andersartige Sozialisation in der Schule, neigen die Familien dazu, an den tradierten Norm- und Wertvorstellungen noch rigider festzuhalten, wodurch vermehrt Schwierigkeiten in der Schule entstehen können. Hierdurch können aber Konflikte zwischen den Eltern und ihren Kindern hervorgerufen werden.

---

[76]   Diefenbach 2007, S. 91.
[77]   Erikson, S. 154.
[78]   Erikson, S. 154.
[79]   Diefenbach 2007, S. 91.
[80]   Mantas, S. 23 zitiert nach Diefenbach 2007, S. 91.
[81]   Schrader/Nikles/Griese, S. 102 zitiert nach Diefenbach 2007, S. 91.
[82]   Akpınar/Lopez-Blasco/Vink, S. 31, 68 zitiert nach Diefenbach 2007, S. 91.
[83]   Z.B. Wießmeier.

Zentrale Thesen der Erklärung durch kulturelle Defizite wurden durch empirische Studien widerlegt[84]. Nauck[85] hat durch seine Untersuchung von türkischen Migrantenfamilien gezeigt, dass autoritär-patriarchalische Familienstrukturen eher selten zu sehen waren und in allen Handlungsfeldern synkratische Entscheidungen in den Familien überwogen. Auch haben andere Studien gezeigt, „dass in türkischen Migrantenfamilien keinesfalls ein Mangel an Einsicht in die Notwendigkeit eines regelmäßigen Schulbesuchs und kein mangelnder Respekt vor den Werten „Lernen" und „Leistung" besteht, sondern – im Gegenteil – die Bildungsaspirationen besonders hoch sind, und zwar höher als in deutschen Familien"[86].

Für die geringe Bildungsbeteiligung und die hohen Bildungsmisserfolge könnte jedoch eine mangelnde Passung von Familie und Schulsystem verantwortlich sein, da die Familie und die Schule zwei der zentralen Sozialisationsinstanzen von den Kindern darstellen. Es ist verständlich, dass Probleme entstehen können, wenn diese beiden sozialisatorischen Felder nicht im Einklang miteinander stehen. Nach der Passungsthese ist das Schulversagen ein Resultat einer unzureichenden Passung zwischen den individuellen, durch die außerschulische Umwelt vermittelten Lernvoraussetzungen und den institutionellen Lernanforderungen. Das Schulversagen der Schülerinnen und Schüler ist somit ein Ausdruck von Anpassungsschwierigkeiten an die schulischen Erfordernisse, welche durch die unterschiedlichen sozialen oder kulturellen Hintergründe dieser Schülerinnen und Schüler verursacht werden[87]. Bezogen auf die Kinder und Jugendlichen mit Migrationshintergrund bedeutet dies, dass das kulturell verschiedene familiäre Milieu Schuld am Schulversagen der Kinder und Jugendlichen ist, dagegen ein Schulerfolg das Resultat einer Anpassung der Eltern und Kinder an die Mehrheitsgesellschaft ist[88]. Nach einer Studie von Leenen, Grosch & Kreidt[89] können Migrantenkinder in der deutschen Schule nicht erfolgreich sein, wenn sie nicht über ausreichende Selbstplatzierungsfähigkeiten verfügen, was notwendig ein gewisses Ausmaß an individueller Modernisierung, Individualisierung und damit Akkulturation voraussetzt. Selbstplatzierung meint in diesem Sinne, dass die Gruppe der schulerfolgreichen Jugendlichen einen großen Bereich familiärer Platzierungsleistungen selbst übernehmen muss. Hieraus folgt dann aber wiederum ein Generationenkonflikt. Damit die Kinder und Jugendlichen mit Migrationshintergrund im deutschen Schul- und Bildungssystem auch erfolgreich sein können, bleibt ihnen nichts anderes übrig, als dass sie ihre kulturellen Defizite gegen den

---

[84]   Ebenso Diefenbach 2007, S. 91.
[85]   Nauck, S. 450-465.
[86]   Z.B. Nauck 1985; Holtbrügge 1975; Mehrländer/Hofmann/König et al. 1981; Neumann 1980; Wilpert 1980 alle zitiert nach Diefenbach 2007, S. 91.
[87]   Cortina/Trommer, S. 352 ff.
[88]   Karakaşoğlu-Aydın, S. 291 f.
[89]   Leenen/Grosch/Kreidt, S. 760 f zitiert nach Diefenbach 2007, S. 91 f.

Willen ihrer Eltern überwinden und sich aufgrund eines Akkulturationsprozesses modernisieren[90].

Bei den Versuchen, die Benachteiligungen der Kinder und Jugendlichen mit Migrationshintergrund auf die defizitäre Herkunfts- oder Lernkultur zu beziehen, stößt man vielfach auf eine Gegenüberstellung der Kulturen des Westens und des Südens. Daher schreibt auch Diefenbach[91], dass es für ein Kind umso schwieriger sein müsste, sich in seiner „kulturfremden" Umgebung zurecht zu finden, je weniger kulturelle Merkmale diese Umgebung mit der Kultur gemeinsam hat, in die das Kind hinein sozialisiert wurde. Nach Gomolla und Radtke[92] gelten die Schülerinnen und Schüler südeuropäisch-katholischer Herkunft aufgrund ihrer kulturellen Nähe als besser integrierbar und zeichnen sich durch häufigeren Kontakt zu ihren deutschen Altersgenossen aus, was sich eher positiv auf ihre schulischen Leistungen auswirkt. Dagegen gelten die Nicht-Europäer bzw. die Moslems als besonders andersartig und kulturell sehr different, was sich auf ihre soziale Integrierbarkeit und damit die schulischen Leistungen der Kinder und Jugendlichen auswirkt.

Neben diesem Gesichtspunkt der kulturellen Anpassung ist auch die soziale Identität und damit das Gefühl von Zugehörigkeit von Migranten ein entscheidendes Kriterium für ihre Integration bzw. Desintegration in die Aufnahmegesellschaft.

Ausgehend von der These nach Gomolla und Radtke müssten sich z.B. die italienischen Kinder und Jugendlichen leichter in die deutsche Gesellschaft integrieren und in der Schule erfolgreicher sein als türkische Kinder, da ihre Kultur der deutschen Kultur näher ist als die türkische Kultur. Jedoch haben wir in den Ausführungen in Kapitel 2 gesehen, dass die italienischen Kinder und Jugendlichen im Vergleich zu türkischen Kindern und Jugendlichen nicht besser abschneiden. Somit ist diese These, dass die schlechte Bildungsbeteiligung und die Bildungserfolge aus den kulturellen Unterschieden der Kinder und Jugendlichen mit Migrationshintergrund resultieren, nicht zutreffend. Auch die Vermutung, dass Kinder und Jugendliche mit Migrationshintergrund umso bessere Bildungschancen haben, je niedriger ihr Einreisealter bzw. das Alter ist, in dem sie in das deutsche Schulsystem eintreten, oder wenn sie in Deutschland geboren wurden, ist ebenfalls nicht haltbar, da auch diese Migrantenkinder keine den deutschen Schülern vergleichbare Bildungsabschlüsse erreichen[93].

---

[90] Diefenbach 2007, S. 92.
[91] Diefenbach 2007, S. 93 f.
[92] Gomolla/Radtke 2002, S. 244 f.
[93] Diefenbach 2007, S. 94.

3.1.1.2. Unterschichtskultur als defizitäres Sozialisationsumfeld

Auch bei dem Punkt der Unterschichtskultur als defizitäres Sozialisationsumfeld geht es um eine mangelnde Passung zwischen der Familien- und Schulkultur[94]. Im Gegensatz zu den obigen[95] Ausführungen steht hier aber die sozialstrukturelle Position der Migrantenfamilien im Vordergrund.

Die Zusammenhänge zwischen dem sozialen Status der Eltern und der Persönlichkeitsentwicklung ihrer Kinder sind in der „schichtspezifischen Sozialisationsforschung" in den 1960er- und 1970er- Jahren intensiv diskutiert worden. Die zentrale These war, dass durch die ungleiche berufliche Alltagserfahrung und Bildung beeinflusste Persönlichkeitsstruktur der Eltern in der familialen Interaktion durch bestimmte Erziehungspraktiken an die Kinder weitergegeben und auf diese Weise der soziale Status durch die Sozialisation „vererbt" wird[96]. Auch die Ergebnisse der PISA-Studien zeigen, dass die soziale Herkunft von Schülerinnen und Schülern mit und ohne Migrationshintergrund für den Bildungserfolg ein zentrales Kriterium darstellt. So verweisen Baumert/Schümer[97] im Hinblick auf die Ergebnisse im Bereich der Lesekompetenz im internationalen Vergleich darauf, dass Jugendliche aus Familien gehobener Sozialschichten bessere Leseleistungen erreichen, als Jugendliche aus bildungsfernen Schichten. Außerdem führen sie aus, dass in Deutschland im Vergleich zu allen anderen an der PISA-Studie teilnehmenden Staaten, eine ungewöhnlich straffe Kopplung zwischen der sozialen Herkunft und dem Kompetenzerwerb besteht. Diese Entwicklung beginnt schon vor der Grundschulzeit und wird anschließend durch das Bildungssystem verstärkt. Allen anderen an der PISA-Studie teilnehmenden Staaten gelingt es durch erfolgreiche Förderung, trotz einer ähnlichen Sozialstruktur der Bevölkerung, die Auswirkungen der sozialen Herkunft zu begrenzen.

---

[94] Diefenbach 2007, S. 99.
[95] Vgl. Kapitel 3.1.1.1.
[96] Hurrelmann, S. 172.
[97] Baumert/Schümer, S. 387.

Abbildung 14: 15-Jährige nach Sozialschichtzugehörigkeit und Bildungsgang

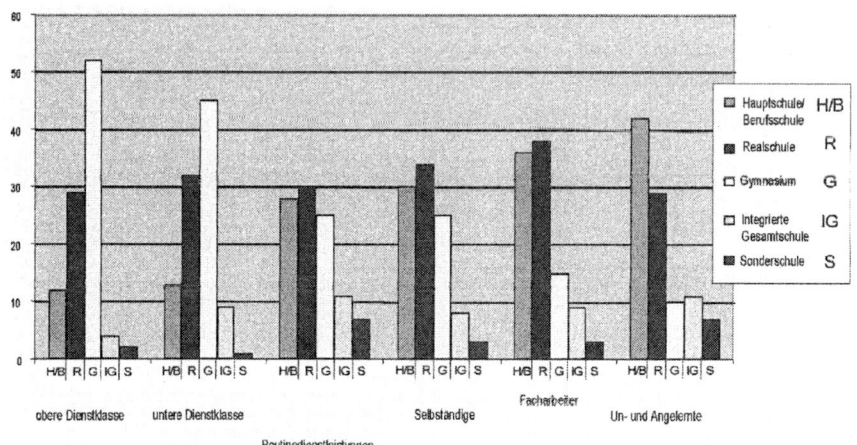

Quelle: PISA 2000

Die sozialen Ungleichheiten werden vor allem im Hauptschul- und Gymnasialbesuch deutlich. In der obigen Abbildung 14 kann man sehen, dass starke Unterschiede zwischen den einzelnen Klassen und den Bildungsgängen bestehen. Über 50% der Kinder aus der Oberen Dienstklasse besuchen das Gymnasium und nur knapp über 10% die Hauptschule. Dagegen besuchen fast 10% der Kinder von un- und angelernten Arbeitern das Gymnasium und über 40% die Hauptschule. Der Realschulbesuch ist bei beiden Klassen ungefähr gleichmäßig verteilt. Aufgrund dieser Ergebnisse kann man sagen, dass das deutsche Schulsystem im hohen Maße sozial selektiv ist.

Oft werden Familien mit Migrationshintergrund als Angehörige der „unteren Schichten" angesehen und behauptet, in Migrantenfamilien herrschten Sozialisationsbedingungen, die den Schulerfolg der Kinder nicht befördern, sondern eher beeinträchtigen[98]. Hier wird die Formulierung von „bildungsfernen Schichten" bevorzugt und der Begriff der „unteren Schicht" vermieden. Wie Diefenbach[99] auch argumentiert, ist eine Gleichsetzung von Migrantenfamilien mit Unterschichts- oder Arbeiterfamilien zweifelhaft, denn eine solche Gleichsetzung war in den 60er- und 70er-Jahren wahrscheinlich zutreffend gewesen, da die Migrantenkinder häufiger Kinder von sog. Gastarbeitern waren. Zwar haben neuere Untersuchungen gezeigt, dass heute viele Migranten selbstständige Tätigkeiten ausüben oder auch mittlere bzw. höhere Ange-

---

[98] Diefenbach 2007, S. 99.
[99] Diefenbach 2007, S. 99.

stellte sind[100], dennoch üben Migranten vermehrt an- und ungelernte Berufe aus oder sind häufiger arbeitslos und daher eher von Armut betroffen. Daher kann ein Zusammenhang zwischen sozialer Herkunft und den Erfolgschancen im deutschen Bildungssystem gesehen werden. Aufgrund der vorgefundenen Ergebnisse tritt die ungünstige soziale Stellung der Eltern von Kindern und Jugendlichen mit Migrationshintergrund als entscheidender Faktor für die Bildungsbenachteiligung und die geringen Bildungserfolge als mögliche Ursache in den Blickpunkt. Als weitere Ursache werden im nächsten Abschnitt die mangelnden Ressourcen in Migrantenfamilien und die daraus resultierenden Defizite erläutert.

3.1.2. Erklärungen nach dem humankapitaltheoretischen Ansatz

Auch nach dem humankapitaltheoretischen Ansatz sind die geringen Bildungsbenachteiligungen und die hohen Misserfolge auf Defizite der Migrantenkinder und ihrer Familien zurückzuführen. Der Grundgedanke hierbei ist, dass es Kindern aus Migrantenfamilien häufiger bzw. stärker als deutschen Kindern an Humankapital mangelt, das für eine erfolgreiche Schulbildung in Deutschland erforderlich ist[101].
Der Begriff Humankapital stammt ursprünglich aus der bildungsökonomischen Theorie. „Bourdieu hat ihn auf Bildungskapital und kulturelles Kapital übertragen. Er misst den Besitz dieses Gutes an der Fähigkeit eines Menschen, durch bestimmte Kenntnisse, Kompetenzen und Handlungsdispositionen Einfluss auf die Gestaltung der sozialen Umwelt zu nehmen"[102]. Mit dem kulturellen Kapital eng verwandt ist der Begriff des sozialen Kapitals. Das soziale Kapital bezeichnet „die Fähigkeit eines Menschen, sich in verschiedenen gesellschaftlichen Bereichen angemessen zu verhalten und sich dabei die gesellschaftliche Unterstützung zu sichern, zu den sozialen Gruppen mit hoher persönlicher Anerkennung und Wertschätzung zu gehören"[103]. Hierbei ist die familiale Sozialisation von enormer Bedeutung für die Akkumulation von Humankapital, denn dadurch vermitteln Eltern ihren Kindern grundlegende Wissensbestände, Werte und Gewohnheiten, die dem Erfolg in den Bildungsinstitutionen oder auf dem Arbeitsmarkt zu- oder abträglich sind. Zu den wichtigsten Faktoren des Humankapitals gehören die eigenen Bildungsabschlüsse der Eltern und ihr entsprechendes Einkommen bzw. allgemein das Haushaltseinkommen[104].

---

[100] Diefenbach 2007, S. 100.
[101] Diefenbach 2007, S. 101.
[102] Bourdieu zitiert nach Hurrelmann, S. 216.
[103] Hurrelmann, S. 216.
[104] Diefenbach 2007, S. 101.

Beim Bildungserfolg von Kindern und Jugendlichen mit Migrationshintergrund spielt also das Bildungsniveau der Eltern eine sehr große Rolle. „Vermutet und durch viele empirische Studien, die zum größten Teil in den USA durchgeführt wurden, bestätigt wurde, dass (1) die Bildung der Kinder positiv korreliert mit der Bildung der Eltern; (2) dass die Bildung der Eltern positiv korreliert mit dem Haushaltseinkommen und Kinder aus einkommensschwachen Familien weniger Humankapital akkumulieren […]; und dass (3) mit der Anzahl der Kinder eine Reduktion des Zeit- und Güterinputs je Kind einhergeht"[105].

In Anlehnung an die Humankapitaltheorie und die Humankapitalinvestitionen in den Familien kann man sich vorstellen, dass Migrantenfamilien ebenso wie deutsche Familien von guten schulischen Leistungen und Ausbildungen und angesehenen Berufen ihrer Kinder profitieren. Eine erfolgreiche Bildung wird daher von beiden Gruppen gleichwertig angestrebt. Da die Kinder und Jugendlichen mit Migrationshintergrund jedoch andere und häufig benachteiligende Ausgangsbedingungen haben, mit welchen sie ihre Schulkarriere beginnen, haben deren Eltern oft weniger die Möglichkeit, den angestrebten Schulerfolg ihrer Kinder wirksam abzusichern und damit diese Zielsetzung tatsächlich zu realisieren. Bezüglich der Kapitalinvestitionen lässt sich daher im Ergebnis festhalten, dass sich die beiden Bevölkerungsgruppen, nämlich die Migranten und die Nichtmigranten, in ihren Möglichkeiten für den Bildungserwerb unterscheiden[106]. Wie oben[107] bereits erwähnt, spielt die eigene Bildungserfahrung der Eltern eine wichtige Rolle für Bildungsbeteiligung und den Bildungserfolg der Kinder. Daher kann, in Übereinstimmung mit Kristen/Granato[108] gesagt werden, dass eine der wichtigsten Ressourcen für Bildungsinvestitionen die von den Eltern gesammelte eigene Bildungserfahrung ist. Diese steht für die Verfügbarkeit einer Vielzahl von Ressourcen, welche die Bildungsbeteiligung und dadurch auch den Bildungserfolg von Kindern und Jugendlichen unterstützen können. Für eine erfolgreiche Teilhabe und einen guten Aufstieg im Schul- und Bildungssystem ist die Beherrschung der deutschen Sprache unerlässlich. Der Nutzen des spezifischen Humankapitals `Sprache´ beruht folglich darauf, dass die beherrschte Sprache im Aufnahmeland und somit in Deutschland gesprochen wird[109]. Nach Leibowitz[110] kostet die (Aus-)Bildung von Kindern Zeit, Aufmerksamkeit und Geld. Diese familialen Ressourcen müssen aufgebracht und dann in die Bildung der Kinder investiert werden. Je mehr dieser familialen Ressourcen zur Verfügung stehen und je mehr davon in die Bildung der Kinder investiert werden, desto besser sollte der Bildungs-

---

[105] Nauck/Diefenbach/Petri, S. 710.
[106] Kristen/Granato, S. 26.
[107] Siehe oben S. 46.
[108] Kristen/Granato, S. 27.
[109] Kristen/Granato, S. 26 f.
[110] Leibowitz 1974, S. 432-452 und 1977, S. 9-30 zitiert nach Diefenbach 2002, S. 47.

erfolg sein. Eine Benachteiligung von Migrantenkindern gegenüber deutschen Kindern im Bildungssystem ist demnach darauf zurückzuführen, dass Migrantenfamilien im Vergleich zu deutschen Familien über weniger Ressourcen verfügen, die sie in die Bildung der Kinder investieren können[111].

Man könnte folglich sagen, dass es viel wahrscheinlicher ist, dass die Kinder und Jugendlichen mit Migrationshintergrund eine weiterführende Schule besuchen oder aber auch einen höheren Abschluss erreichen, wenn ihre Eltern selbst eine weiterführende Schule besucht oder ein Studium abgeschlossen haben. Die geringe Bildungsbeteiligung und der geringe Bildungserfolg von Migrantenkindern wäre darauf zurückzuführen, dass ihre Eltern im Vergleich zu deutschen Eltern ein niedrigeres Bildungsniveau aufweisen, welches sich negativ auf die Bildung der Kinder auswirkt.

„Die Bildungserfahrung der Eltern zahlt sich nicht nur über die Bereitstellung bildungsrelevanter Informationen für den Schulerfolg der Kinder aus. Eltern, die selbst die höheren Bildungswege erfolgreich durchlaufen haben, können ihren Kindern darüber hinaus eher kompetente Hilfe bei Hausaufgaben oder der Vorbereitung auf Klassenarbeiten bieten, Aufgrund ihrer Vertrautheit mit dem Schulsystem ist es für sie außerdem meist leichter, auftretende Schwierigkeiten frühzeitig zu erkennen und auszuräumen“[112]. Eltern, die selbst vorteilhafte und angesehenere Positionen innehaben bzw. Berufe ausüben und dadurch über mehr Ressourcen wie Einkommen, kulturelles oder soziales Kapital verfügen, haben eher die Möglichkeit, ihren Kindern bessere Schul- und Berufsausbildung zu verschaffen, als Eltern, die nicht über genug kulturelles und soziales Kapital verfügen. Durch bessere Leistungen und Ausbildungen haben dann wiederum die Kinder von Eltern, die höhere Positionen innehaben im späteren Berufsleben mit hoher Wahrscheinlichkeit auch einen Zugang zu besser positionierten Berufen. „Vor allem auf diese Weise werden berufliche Positionen von einer Generation zur nächsten „vererbt“ und es kommt nur in begrenztem Umfang zu sozialen Auf- und Abstiegen zwischen den Generationen. Auf- und Abstiege zwischen den Generationen sind Ausdruck der (intergenerationalen) sozialen Mobilität in einer Gesellschaft“[113].

Dieser Erklärungsansatz kann jedoch nur einen Teil der bestehenden Bildungsunterschiede zwischen Schülerinnen und Schülern mit und ohne Migrationshintergrund erklären. Auch empirische Studien haben die Grundannahmen der Humankapitaltheorie[114] nur teilweise bestätigt. Eine positive Korrelation der Variablen „Bildung der Kinder – Bildung der Eltern“, „Bildung der Eltern – Haushaltseinkommen“ und „Anzahl der Kinder – Reduktion des Zeit- und Güterinputs“ konnte für die USA nachgewiesen werden. Nauck, Diefenbach und Petri haben mit ihrer Publikation

---

[111] Diefenbach 2002, S. 47.
[112] Kristen/Granato, S. 27 f.
[113] Statistisches Bundesamt 2006, S. 597.
[114] Vgl. Kapitel 3.1.2.

„Intergenerationale Transmission von kulturellem Kapital unter Migrationsbedingungen"[115] versucht, den strukturellen und individuellen Zusammenhang zwischen mehreren Variablen zu erfassen. Anhand der Daten des Sozio-ökonomischen Panels (SOEP) haben die Autoren untersucht, auf welche Faktoren die bestehenden ethnischen Ungleichheiten im deutschen Bildungssystem zurückzuführen sind. Hierbei gelangten sie zu dem Ergebnis, „dass der Bildungserfolg von Jugendlichen aus Migrantenfamilien – anders als bei deutschen Jugendlichen – in einem zwar signifikant positiven, aber außerordentlich geringen Zusammenhang mit dem ökonomischen und kulturellen Kapital der Herkunftsfamilie steht"[116]. Dagegen fanden sie eine positive Korrelation zwischen der Anzahl der Kinder und dem erreichten Schulabschluss heraus: „Je höher die Anzahl der Kinder im Haushalt, desto geringer ist die Wahrscheinlichkeit der Jugendlichen, einen weiterführenden Schulabschluss zu erreichen"[117]. Dieses Ergebnis begründen die Autoren damit, „dass gerade in Familien mit unterdurchschnittlichem Einkommen die Verteilung der im Haushalt zur Verfügung stehenden ökonomischen Ressourcen auf mehr Personen zu einer Verknappung der ökonomischen Ressourcen führt, die jedem Kind zur Transferierung in seine Bildung, d.h. in kulturelles Kapital, zur Verfügung gestellt werden können"[118]. Im Gegensatz zu den Kindern und Jugendlichen mit Migrationshintergrund kann aber bei deutschen Kindern und Jugendlichen kein Zusammenhang zwischen der Anzahl der im Haushalt lebenden Geschwister und dem erreichten Schulabschluss gesehen werden[119]. Diefenbach begründet den schwachen Zusammenhang zwischen Bildung und Einkommen der Eltern und schulischer Platzierung der Kinder bei Migrantenfamilien, damit, dass „Migrantenfamilien ihr in der Herkunftsgesellschaft akkumuliertes Humankapital (z.B. ein bestimmter Bildungstitel) in der Aufnahmegesellschaft nicht zum Einsatz bringen können, weil es dort einfach nicht gefragt ist (wenn z.B. ein bestimmter im Herkunftsland erworbener Bildungstitel im Aufnahmeland nicht anerkannt wird)"[120]. Im Gegensatz zu Kanada war die formale Bildung bei der Anwerbung der Arbeitsmigranten in Deutschland nämlich nicht von Bedeutung.
Wie oben[121] bereits erwähnt, ist eine der wichtigsten Ressourcen die von den Eltern gesammelte eigene Bildungserfahrung. Diese Ressource steht für die Verfügbarkeit einer Vielzahl von Ressourcen, die zur Unterstützung von Kindern und Jugendlichen beitragen können. Vor allem ist in diesem Zusammenhang das Wissen über die Struktur des deutschen Bildungssystems von entscheidender Bedeutung. Kristen und

---

[115]   Nauck/Diefenbach/Petri, S. 701-722.
[116]   Nauck/Diefenbach/Petri, S. 713.
[117]   Nauck/Diefenbach/Petri, S. 713.
[118]   Nauck/Diefenbach/Petri, S. 713.
[119]   Nauck/Diefenbach/Petri, S. 713.
[120]   Diefenbach 2007, S. 102.
[121]   Siehe oben S. 46 f.

Granato[122] nennen hier beispielhaft das Wissen über den Aufbau des Bildungssystems, Wissen über Möglichkeiten der Einflussnahme, über die Bedeutung von Noten für die Übergangschancen oder auch über die Leistungsanforderungen unterschiedlicher Bildungswege. In der Literatur wurde die These vertreten, dass Migranteneltern eben nicht über das Bildungssystem Bescheid wüssten, was zu einer Fehlplatzierung der Migrantenkinder in der Sekundarstufe führte[123]. Diese These mag sicherlich teilweise zutreffen. Jedoch kann man sagen, dass die Migranten mittlerweile vermehrt über das Schulsystem Bescheid wissen, jedoch m.E. aufgrund der mangelnden Sprachkenntnisse einfach nicht in der Lage sind, mit Lehrpersonen oder anderen Zuständigen über die jeweiligen Bildungswege zu kommunizieren. Es liegt wahrscheinlich gar kein Mangel an familialen Ressourcen oder Unwissen über die Verhältnisse in Deutschland vor, sondern die Migranten setzen ihre Ressourcen einfach anders ein, als deutsche Familien, um ihre Kinder möglichst gut zu platzieren[124]. „Die These ist also – ökonomisch formuliert – die, dass Migrantenfamilien ein anderes Investitionsverhalten in Bildung zeigen als deutsche Familien[125]„. Korte und Schiffauer[126] haben herausgefunden, dass türkische Migrantenfamilien beabsichtigten, in ihr Heimatland zurückzukehren und daher wegen ihres unsicheren Aufenthaltsstatus keine langfristige Perspektive auf die deutsche Gesellschaft hin entwickeln konnten und folglich auch weniger Interesse an einer guten schulischen bzw. beruflichen Ausbildung hatten, welche ihre Kinder in Deutschland erwerben würden. Denn bei einer eventuellen Rückkehr in ihr Heimatland könnten die Kinder mit den in Deutschland erworbenen Abschlüssen sowieso nichts erreichen. Vielmehr legten sie Wert darauf, dass die Kinder so früh wie möglich eine Arbeit fanden und so dazu beitrugen, dass die Familie innerhalb kürzester Zeit ein bestimmtes Kapital ansparen und so in das Herkunftsland zurückgehen konnte[127].

Weiterhin hat die ökonomische Situation der Migrantenfamilien einen sehr großen Einfluss auf deren Wohnverhältnisse, die zu einer sozialen Benachteiligung beitragen können. Diese wirken sich auf jeden Fall auf die Schulkarriere der Kinder und Jugendlichen aus Migrantenfamilien aus. Vor allem ist – wie oben[128] bereits erwähnt – die Anzahl der im Haushalt lebenden Kinder von großer Relevanz. Untersuchungen von Uysal[129] haben gezeigt, dass beengte Wohnverhältnisse dazu führen, dass Kinder nicht über ein eigenes Zimmer verfügen, in dem sie z.B. ihre Hausaufgaben

---

[122]   Kristen/Granato, S. 27.
[123]   Diefenbach 2007, S. 108.
[124]   Ebenso Diefenbach 2007, S. 110.
[125]   Diefenbach 2007, S. 110.
[126]   Korte 1990; Schiffauer 1991 beide zitiert nach Diefenbach 2007, S. 110.
[127]   Diefenbach 2007, S. 110.
[128]   Siehe oben S. 49 f.
[129]   Uysal, S.163.

machen können. Gerade die Wohnverhältnisse wirken sich stark auf die Schulkarriere der Kinder aus. Schülerinnen und Schüler, die einen eigenen Raum zum Lernen und für das Erledigen von Hausaufgaben haben, haben bessere Bildungschancen, als solche, die keinen eigenen Schreibtisch und kein eigenes Kinderzimmer haben. Wenn also ein ungestörter Arbeitsplatz eine Grundvoraussetzung für erfolgreiches Lernen ist, wird eine starke Beeinträchtigung der Hauptschüler durch die häusliche Umwelt deutlich[130].

Die Ausführungen haben gezeigt, dass die genannten Faktoren mit Sicherheit für eine geringe Bildungsbeteiligung der Kinder und Jugendlichen mit Migrationshintergrund verantwortlich sind. Man kann aber sagen, dass diese Faktoren längst nicht die einzigen sind, die für diese Benachteiligungen in Frage kommen, denn eine Bildungsbeteiligung kann nicht allein auf die Schulter der Migranten geschoben werden. Es müssen noch weitere Faktoren bei der Bildungsbenachteiligung eine Rolle spielen, sonst könnte man nämlich auf den Gedanken kommen, dass alle Migrantinnen und Migranten aufgrund ihrer schlechteren Ausgangsbedingungen und ihres Umfeldes nicht in der Lage sind, sich dem deutschen Schulsystem anzupassen und auch gute Leistungen und Abschlüsse zu erreichen. Es gibt nämlich auch Migrantenfamilien, die sich der deutschen Kultur mehr als nötig angepasst haben und sich auch im deutschen Schulsystem sehr gut auskennen, dennoch können die Kinder keine erfolgreiche Schulbildung erreichen. In diesem Rahmen muss somit auch die Schule oder die Lehrperson näher betrachtet werden. Daher rückt im Weiteren die Institution Schule in den Blickpunkt der Untersuchung. Es besteht nämlich die Vermutung, dass im deutschen Schulsystem Rahmenbedingungen vorherrschen, die zu Ungleichheitsbehandlungen von bestimmten Gruppen, vor allem Kindern und Jugendlichen mit Migrationshintergrund oder schlechter sozialer Stellung, führen. Daher wird in den nächsten Abschnitten auf die Merkmale der Schule als Institution und die institutionelle Diskriminierung eingegangen.

3.2. Innerschulische Aspekte – Merkmale der Schule als Institution

3.2.1. Systemimmanente und organisationsbezogene Effekte

Wie im zweiten Teil schon erwähnt, sind mit dem Besuch einer bestimmten Schulform oder eines bestimmten Schultyps Kontextbedingungen verbunden, die Schüler gegenüber anderen Schülern privilegieren. Kinder mit Migrationshintergrund besuchen nach der Grundschule vermehrt die Hauptschule und weniger ein Gymnasium und erreichen, wenn überhaupt, nur geringere Schulabschlüsse. Durch die Gliede-

---

[130]   Uysal, S.163.

rung der Sekundarstufe in Hauptschule, Realschule und Gymnasium erfolgt eine starke Selektion, wodurch Kinder und Jugendliche aus Migrantenfamilien in hohem Maße benachteiligt werden. Aufgrund dieser Befunde hat Diefenbach[131] über einen längeren Zeitraum von zehn Jahren (1990-2000) hinweg beobachtet, ob Kinder und Jugendliche mit Migrationshintergrund an Integrierten Gesamtschulen bessere Schulabschlüsse erreichen, da bei dieser Schulform keine Untergliederung in die verschiedenen Schultypen erfolgt. Schließlich ist sie zu dem Ergebnis gelangt, dass ausländische Schülerinnen und während des gesamten Beobachtungszeitraums an Integrierten Gesamtschulen konsistent höhere Bildungsabschlüsse erreichten als an Sekundarschulen mit nur einem Bildungsgang, und dass sie seltener ohne einen Abschluss von Integrierten Gesamtschulen abgehen. Der Besuch einer Integrierten Gesamtschule scheint demnach gegenüber dem Besuch einer Schule des dreigliedrigen Systems für ausländische Schülerinnen und Schüler vorteilhafter zu sein[132]. Da es Integrierte Gesamtschulen[133] leider noch nicht in allen Bundesländern gibt, wäre eine Einführung von staatlich anerkannten Gesamtschulen in allen Bundesländern für die Vermeidung von Bildungsbenachteiligungen aufgrund der Ergebnisse von Diefenbach auch ein Vorteil.

Auch kann die ethnische Zusammensetzung der Schülerschaft teilweise benachteiligend auf die Bildungserfolge der Migrantenkinder wirken[134]. In der PISA 2000-E-Studie wurde nämlich festgestellt, dass Schülerinnen und Schüler mit Migrationshintergrund, deren Umgangssprache in der Familie nicht deutsch ist, schwächere Leseleistungen erzielen, wenn ihr Anteil 20% an der Gesamtschülerschaft übersteigt[135]. Eine negative Auswirkung der ethnischen Zusammensetzung auf die Bildungserfolge kann demnach bejaht werden.

3.2.2. Benachteiligung aufgrund institutioneller Diskriminierung

Möglich ist auch, dass der Grund für die Bildungsbenachteiligungen von Kindern und Jugendlichen mit Migrationshintergrund in der Schule liegt, wo auf unterschiedliche Art und Weise mit dem „Problem" Migrantenkinder umgegangen wird.
Die Erziehungswissenschaftler Gomolla und Radtke[136] sprechen in diesem Zusammenhang von „Mechanismen institutioneller Diskriminierung in der Schule". Sie

---

[131] Diefenbach 2003, S. 77-95.
[132] Diefenbach 2005, S. 46 f.
[133] Integrierte Gesamtschulen gibt es z.B. in den Bundesländern Rheinland-Pfalz, Berlin, Brandenburg und Hessen.
[134] Ebenso Diefenbach 2007, S. 131.
[135] Stanat, S. 256.
[136] Gomolla/Radtke 2000, S. 321-341.

haben Mitte der 1990er Jahre eine Studie in der Stadt Bielefeld durchgeführt, in der die institutionelle Diskriminierung im Rahmen von Selektionsentscheidungen an zentralen Übergangsschwellen im Grundschulbereich untersucht wurde. Die „institutionellen Diskriminierung" stützt sich auf den institutionellen Rassismus in den USA[137] und in Großbritannien[138]. Anders als der Vorurteilsansatz versteht der Begriff der „institutionellen Diskriminierung" Rassismus oder Sexismus als Ergebnis sozialer Prozesse. „Das Wort „institutionell" lokalisiert die Ursachen von Diskriminierung im organisatorischen Handeln im Netzwerk zentraler gesellschaftlicher Institutionen (z.B. Bildungs- und Ausbildungssektor, durch die Polizei oder im Gesundheitswesen) speziell unter Gesichtspunkten der Ungleichheit"[139]. Entscheidend ist nach diesem Ansatz also die Organisation, die diskriminiert und nicht die einzelnen Akteure, welche in diesem Zusammenhang eher irrelevant sind[140]. Für die Institution Schule bedeutet dies, dass den Lehrerinnen, Lehrern oder anderen schulischen Entscheidungsträgern keine bewusste Diskriminierung unterstellt werden kann, sondern der Schule als Institution.

Gomolla und Radtke haben herausgefunden, dass Muster der Diskriminierung und Abweisung entlang von Normalitätserwartungen in Bezug auf die Schul- und Sprachfähigkeit, wie sie deutschsprachigen, im weitesten Sinne christlich sozialisierten Mittelschicht-Kindern entsprechen, die gesamte Schullaufbahn prägen. Auch beginnt die negative Bildungskarriere bei Migrantenkindern vermehrt bereits beim Eintritt in die Schule, da sie häufig nicht regulär eingeschult werden[141].

Im Rahmen der institutionellen Diskriminierung unterscheiden Feagin und Feagin[142] zwischen direkter und indirekter institutioneller Diskriminierung.

„Unter *direkter institutioneller Diskriminierung*[143] werden regelmäßige, intentionale Handlungen in Organisationen verstanden. Dies können einerseits hochformalisierte, gesetzlich-administrative Regelungen sein, andererseits aber auch informelle Praktiken, die in der Organisationskultur als Routine abgesichert sind (implizite Übereinkünfte, „ungeschriebene Regeln")"[144]. Durch solche formellen organisatorischen Maßnahmen werden Kinder und Jugendliche mit Migrationshintergrund anders behandelt, als deutsche Kinder, was vielleicht auch nicht unbedingt mit benachteiligender Absicht erfolgt. Gomolla spricht in diesem Zusammenhang von „wohlmeinender

---

[137] Z.B. Carmichael/Hamilton 1967 zitiert nach Gomolla 2006, S. 88.
[138] Z.B. Troyna/Williams 1986 zitiert nach Gomolla 2006, S. 88.
[139] Gomolla 2006, S. 88.
[140] Gomolla/Radtke 2000, S. 324.
[141] Gomolla 2005, S. 101.
[142] Feagin/Feagin 1986 zitiert nach Gomolla 2006, S 90.
[143] Hervorhebung im Original.
[144] Gomolla 2006, S 90.

direkter Diskriminierung", welche auf die individuelle Förderung abzielen soll[145]. Eine wohlmeinende Diskriminierung, also eine positive Diskriminierung, kann aber zu einer negativen Diskriminierung werden, weil Kinder aus Migrantenfamilien zwecks `Förderung´ in Vorbereitungsklassen unterrichtet werden, dadurch aber vom Besuch der Regelklassen ausgeschlossen werden, was wiederum dazu führt, dass sie entweder eine längere Schulzeit vor sich haben oder möglicherweise auf eine Sonderschule für Lernbehinderte verwiesen werden[146].

Vor allem die Zurückstellung auf den Schulkindergarten, aufgrund mangelnder Deutschkenntnisse gilt als eine Form direkter institutioneller Diskriminierung, weil der Schulkindergarten nicht zum Erwerb von Sprachen vorgesehen ist. Durch die Zurückstellung dieser Kinder in den Schulkindergarten soll verhindert werden, dass Kinder aus Migrantenfamilien den Unterricht in Regelklassen erschweren[147].

Auch bei den Grundschulempfehlungen kann häufig eine direkte Diskriminierung gesehen werden. So werden Migrantenkinder bei den Übergangsentscheidungen und den Übergangsempfehlungen oftmals heruntergestuft, was auch durch die hohe Anzahl der Migrantenkinder an Hauptschulen belegt werden kann. Selbst bei sehr guten Noten erhalten Kinder mit Migrationshintergrund vermehrt eine Empfehlung für die Haupt- oder Realschule. Begründet wird diese Empfehlung damit, dass diese Kinder nicht über ausreichende Deutschkenntnisse verfügten und daher möglicherweise Schwierigkeiten hätten, dem Unterrichtsstoff einer höheren Schulart, nämlich dem Gymnasium, zu folgen, woraus dann auch wieder Misserfolge resultieren könnten. Ein erfolgreicher Gymnasialbesuch setze demnach perfekte Deutschkenntnisse voraus[148]. Ausgehend von diesen Ausführungen, kann angenommen werden, dass die Förderung der Deutschkenntnisse eine der wichtigsten Aufgaben der deutschen Schulen ist. Häufig werden bei den Grundschulempfehlungen auch die häuslichen Lernbedingungen und Unterstützungsmöglichkeiten oder die Bildungserfahrung der Eltern und die Unkenntnis des deutschen Schulsystems als Prognosekriterium herangezogen[149].

Nach Gomolla und Radtke[150] handelt es sich bei informellen Lösungen um ein strategisches Umgehen der schulrechtlichen Regelungen, die verhindern wollen, dass rein schulsprachliche Kriterien selektionsmaßgeblich sind.

„Der Begriff der *indirekten institutionellen Diskriminierung*[151] zielt dagegen auf die gesamte Bandbreite institutioneller Vorkehrungen, die (ob absichtlich oder unbeab-

---

[145] Gomolla 2006, S. 91.
[146] Gomolla 2006, S. 91 f.
[147] Gomolla 2006, S. 91.
[148] Ebenso Gomolla 2006, S 94.
[149] Gomolla 2006, S. 94.
[150] Gomolla/Radtke 2000, S. 327.
[151] Hervorhebung im Original.

sichtigt) Angehörige bestimmter Gruppen, wie ethnischer Minderheiten, überproportional negativ treffen. Mechanismen indirekter Diskriminierung resultieren oft aus der Anwendung gleicher Regeln, die bei verschiedenen Gruppen grundsätzlich ungleiche Chancen ihrer Erfüllung zur Folge haben"[152]. Für die Migrantenkinder äußert sich dies vor allem in einer Benachteiligung von Kindern, deren Muttersprache nicht Deutsch ist, wie es den Normalitätserwartungen der Schule entspricht. Diagnostische Praktiken wie Einschulungstests, die allgemein eigentlich gar nicht üblich sind, welche aufgrund fehlender Deutschkenntnisse auf mangelnde Schulreife oder Schulfähigkeit schließen, sind Beispiele für eine indirekte Diskriminierung. Gleiches gilt, wenn die fehlenden Kindergartenzeiten bei Migrantenkindern für Defizite verantwortlich gemacht werden[153].

Die Diskriminierung äußert sich demnach als Form einer strukturellen Diskriminierung der Kinder mit Migrationshintergrund im Bildungssystem und ist nicht von den Lehrerinnen und Lehrern gezielt beabsichtigt. Vielmehr entwickeln sich in den Schulen Praxen und Routinen, die Diskriminierung in Gang halten, um die Funktionsfähigkeit, Effektivität und den Bestand der Einzelschule und des Bildungssystems aufrecht zu erhalten[154].

Aufgrund der Befunde von Gomolla und Radtke kann festgehalten werden, dass ein großer Teil der Bildungsbenachteiligungen und der geringen Bildungserfolge auf eine institutionelle Diskriminierung und somit auf Effekte schulischer Entscheidungspraktiken zurückzuführen sind. Auch die Ergebnisse im zweiten Teil, in dem die Überrepräsentation der Kinder und Jugendlichen mit Migrationshintergrund an Hauptschulen und die Unterrepräsentation an Gymnasien dargestellt wurde, deuten auf eine institutionelle Diskriminierung hin. Außerdem sind die Selektionskriterien nicht in dem Maße festgeschrieben, wie es den Anschein macht, sondern werden je nach Bedürfnissen der Schule als Organisation angepasst und je nachdem weiter oder enger gefasst oder gänzlich umgedeutet. Daher kann im Ergebnis von institutioneller Diskriminierung gesprochen werden.

---

[152]   Gomolla 2006, S. 90.
[153]   Gomolla 2006, S. 91.
[154]   Gomolla 2000, S. 50 ff.

3.3. Die Bedeutung der Sprachkenntnisse für die Bildungschancen und den Bildungserfolg

Wie bereits in der Einleitung erwähnt, herrscht in Deutschland aufgrund der hohen Einwanderungsrate eine Multikulturalität und dadurch bedingt auch eine hohe Sprachenvielfalt. Der Schlüssel für die Integration der Migranten in Deutschland ist die Beherrschung der deutschen Sprache[155]. Die sprachliche Integration umfasst hierbei zwei komplementäre Teilprozesse, „zum einen die Übernahme des Deutschen als Verkehrssprache durch die Migrantinnen und Migranten und zum zweiten die Akzeptanz der Herkunftssprachen der Zuwanderer durch die Aufnahmegesellschaft[156]. Als ein entscheidendes Kriterium für den geringen Bildungserfolg werden die mangelnden Sprachkenntnisse der Kinder und Jugendlichen mit Migrationshintergrund immer wieder aufgeführt. Die Beherrschung der deutschen Sprache spielt daher eine sehr große Rolle für eine gute Karriere im deutschen Schul- und Berufsleben. Im Folgenden werden zunächst die sprachlichen Voraussetzungen der Kinder mit Migrationshintergrund bei ihrer Einschulung dargestellt, da sich die Beherrschung der Schulsprache durch die ganze Schullaufbahn zieht und auch erhebliche Konsequenzen für das Lernen und Lehren in der Schule hat, denn aus der Forschung über Spracherwerb und Sprachentwicklung ist bekannt, dass ein solches Aufwachsen mit mehreren Sprachen jedes weitere sprachliche Lernen und das Lernen im Ganzen beeinflusst[157]. Im Anschluss wird sodann auf die Bilinguismusforschung mit ihrer Interdependenz- und Schwellenhypothese und dem Problem der doppelseitigen Halbsprachigkeit eingegangen, bevor zum Schluss die Folgen für die Bildungschancen dargestellt werden.

3.3.1. Sprache und Sprachkompetenz

In Deutschland wachsen Kinder mit Migrationshintergrund vermehrt zwei- oder auch mehrsprachig auf, was zu einem spezifischen Sprachbesitz führt, in dem alle beteiligten Sprachen vertreten sind und miteinander in Kontakt stehen[158]. Kinder bringen bereits bei ihrer Geburt sämtliche Voraussetzungen für einen Spracherwerb mit. Jedoch führt erst ein intensiver Kontakt mit Menschen und Dingen in ihrer Umwelt dazu, dass sie sich konkrete Sprachen aneignen können. Die Erstsprache wird zunächst von Personen der engsten Umgebung, damit also von der Familie vermittelt.

---

[155] Ebenso Schmitt 2002a, S. 158; Diefenbach 2005, S. 50; Konsortium Bildungsberichterstattung, S. 174.
[156] Britz, S. 5.
[157] Gogolin/Neumann/Roth, S. 39.
[158] Gogolin 2001a, S. 22.

Erst danach eignen sich die Kinder durch eine weitere körperliche und geistige Entwicklung die außerfamiliale Sprache ihrer Lebenswelt an[159]. Die erste Sprache, die diese Kinder lernen, ist also die, die in der Familie gesprochen und in der auch vor dem Schuleintritt vermehrt kommuniziert wird. Die Zweitsprache dagegen ist die Sprache, die sich in Lautung, Syntax und Form von der ersten Sprache klar unterscheidet, und die die Migrantenkinder erst nach der Erstsprache erwerben[160]. Bezogen auf Deutsch als die Zweitsprache ist diese auch gleichzeitig die Lern- und Umgangssprache außerhalb des familialen Umfeldes. Dadurch, dass diese Kinder vermehrt zweisprachig aufwachsen, ist es auch sehr wahrscheinlich, dass sie zweisprachig in die Institutionen der Bildung eintreten[161]. Bei einsprachig aufwachsenden Kindern geschieht die Sprachaneignung in einer sprachhomogenen Situation, wodurch sich diese Kinder im Vergleich zu zweisprachig aufwachsenden Kindern einfacher in ihrer sprachlichen Umwelt für die eigene Sprachaneignung bedienen können. Dagegen haben Kinder, die zweisprachig aufwachsen, keine sprachliche Homogenität, welche sie für ihre Sprachaneignung nutzen können[162]. Innerhalb der Familie wird sehr oft die Sprache des Herkunftslandes gesprochen, besonders wenn es darum geht, Gefühle oder andere Verhaltensformen zum Ausdruck zu bringen. Zumindest unter Geschwistern wird aber auch gesehen, dass sie sich manchmal der Zweitsprache bedienen, wenn sie miteinander kommunizieren[163]. Daher kann festgehalten werden, dass die Muttersprache beim Primärspracherwerb eine sehr wichtige Rolle für die Kinder spielt. Beim Erwerb von Mehrsprachigkeit können zwei Arten unterschieden werden, nämlich der ungesteuerte (oder natürliche) Zweitspracherwerb und der gesteuerte Zweitspracherwerb durch den Unterricht. Bei Migrantenkindern sind beide Arten meist gekoppelt, so dass sie die Zweitsprache oft im Umgang mit Gleichaltrigen ungesteuert und gleichzeitig in der Schule gesteuert lernen[164].

Kinder mit Migrationshintergrund werden folglich in zwei Sprachen sozialisiert, ihr schulisches Weiterkommen hängt aber vor allem von der Zweitsprache ab, welche ja auch die Lern- und Umgangssprache darstellt.

3.3.1.1. Sprachentwicklung und Zweisprachigkeit

Im Rahmen der Entwicklung von Zweisprachigkeit kann aber auch die Frage gestellt werden, ob die Erstsprache eher einen fördernden, störenden oder hemmenden Einfluss auf den Zweitspracherwerb hat, denn die Abweichungen von der „Normal-

---

[159]   Gogolin/Neumann/Roth, S. 40.
[160]   Müller, S. 155.
[161]   Ebenso Gogolin/Neumann/Roth, S. 39.
[162]   Gogolin/Neumann/Roth, S. 40 f.
[163]   Ebenso Gogolin/Neumann/Roth, S. 41.
[164]   Riehl, S. 17.

erwartung"[165] haben häufig zu der Befürchtung geführt, dass das Aufwachsen mit zwei Sprachen zu einer gestörten, gefährdeten oder defizitären Sprachentwicklung führen kann[166]. Meyer-Ingwersen u.a.[167] haben, bezogen auf die türkische Sprache gezeigt, dass die Muttersprache den Zweitspracherwerb stark beeinflusst und dass Fehler in der zweiten, nämlich deutschen Sprache, durch Interferenzen mit der Muttersprache entstehen können. Auch andere Untersuchungen[168] haben ergeben, dass die Erstsprache einen sehr großen Einfluss auf die Betonung und Aussprache der Zweitsprache hat und dass die meisten Fehler, welche aufgrund der Erstsprache entstehen, vielmehr die Wortfolge als die Morphologie (z.B. Endungen) betreffen. Häufig werden auch Bedenken und Ängste hinsichtlich vermuteter Überforderung und der geistigen und psychischen Gesundheit von zweisprachigen Kindern geäußert[169]. Nach Gogolin, Neumann und Roth[170] gefährdet das Aufwachsen mit zwei Sprachen aber die Sprachaneignung als solche nicht, es sorgt jedoch für Unterschiede im Sprachbesitz, in denen die spezifische Sprachaneignungssituation zum Ausdruck kommt. Die im späteren Verlauf der Sprachaneignung entstehenden Störungen in der Sprachentwicklung sind aber nicht auf die Zweisprachigkeit als solche zurückzuführen, sondern die Ursachen müssen an anderen Stellen, wie zum Beispiel der allgemeinen Sprach- und Bildungsferne der Eltern oder den entwicklungshemmenden Sozialisationsbedingungen (z.B. Vernachlässigung, Misshandlung, psychische Traumata), gesucht werden[171]. Laut Schmitt[172] ist die Entwicklung der Zweisprachigkeit wie jeder Lernprozess in hohem Maße im Zusammenhang mit der frühkindlichen Sozialisation zu sehen, was ihn zu folgender Formulierung bringt: „Je günstiger die frühkindliche Sozialisation verläuft, je 'begabender' Bezugspersonen mit dem Kind, in einer oder zwei Sprachen, verkehren, je mehr sie in Familie und Kindergarten allmählich die emotionalen, Wahrnehmungs-, Denk-, Kommunikations- und Handlungsfähigkeiten erweitern, desto günstiger wird der Spracherwerbsprozeß in beiden Sprachen – ob gleichzeitig oder in zeitlicher Folge – verlaufen".
Das zweisprachige Aufwachsen an sich stellt eher eine positive Voraussetzung der sprachlichen und geistigen Leistungen eines Kindes dar, denn die frühkindliche Zweisprachigkeit kann sich positiv auf die Fähigkeit zur Ausbildung grammatischer Strukturen in der Erst- und Zweitsprache auswirken oder es können vermehrt meta-

---

[165] Zu den Normalitätsannahmen gehören nach Gogolin die Überzeugung, dass Individuen und Staaten normalerweise einsprachig sind (monolingualer Habitus), vgl. Gogolin 2001b, S. 2.
[166] Gogolin/Neumann/Roth, S. 41.
[167] Meyer-Ingwersen u.a. 1977 zitiert nach Schmitt 1992, S. 140.
[168] Z.B. nach Dulay/Burt/Krashen, S. 97.
[169] Schmitt 1992, S. 142.
[170] Gogolin/Neumann/Roth, S. 42.
[171] Gogolin/Neumann/Roth, S. 42.
[172] Schmitt 1992, S. 149.

sprachliche Fähigkeiten erworben werden. Damit diese positiven Voraussetzungen aber auch weiterentwickelt werden, bedürfen sie einer expliziten Berücksichtigung oder Förderung, was spätestens in der Schule erfolgen muss[173]. Eine schulische Förderung in der Erstsprache hat demnach auch keine negativen Folgen für den Zweitspracherwerb, sondern eher positive Auswirkungen.

Die sprachlichen Voraussetzungen, die Kinder beim Schuleintritt mitbringen, sind in großem Maße heterogen. Vor allem unterscheidet sich der Sprachbesitz von zweisprachig aufwachsenden Kindern sowohl von dem der einsprachigen Kinder aus der Herkunftsregion, als auch von dem der Kinder ohne Migrationshintergrund im Aufnahmeland[174]. An deutschen Schulen wird der Förderung der Herkunftssprachen aber immer noch eine deutlich geringe Bedeutung beigemessen. Es fehlt im Bereich der Förderung der Zweitsprache Deutsch und im Bereich der Förderung der Herkunftssprachen an überzeugenden, zukunftsweisenden Konzepten[175]. Dies spiegelt sich auch in dem in Deutschland immer noch bestehenden Submersionsmodell wieder. In manchen anderen Ländern, wie z.B. Kanada und USA wird nach dem Immersionsmodell unterrichtet[176]. Submersion bedeutet in diesem Zusammenhang, dass Schülerinnen und Schüler mit einer Sprache der Minderheit in regulären Klassen in der Sprache der Mehrheit unterrichtet werden. Hierbei ist die Lehrperson monolingual und spricht nur die Sprache der Mehrheit. Teilweise wird nur vorübergehend eine Sprachförderung in der Muttersprache angeboten. Das Immersionsmodell unterscheidet sich dagegen von dem Submersionsmodell darin, dass die Lehrperson zweisprachig ist und ihre Kompetenzen in beiden Sprachen im Umgang mit den Kindern einsetzen kann[177]. Der Grundgedanke des Submersionsmodells ist der, dass Kinder mit anderen Sprachen so schnell wie möglich die deutsche Sprache lernen. Daher wird in den Förder-, Vorbereitungs- und Übergangsklassen und in den Stützkursen das Ziel verfolgt, diese Schülerinnen und Schüler in der deutschen Sprache soweit kompetent zu machen, dass sie bald am Regelunterricht teilnehmen können[178]. Jedoch ist m.E. nur eine anfängliche Förderung der Migrantenkinder in der deutschen Sprache für eine erfolgreiche Bildung nicht ausreichend, wenn man bedenkt, dass sich die sprachlichen Leistungen während der gesamten Schulzeit ändern und die Schülerinnen und Schüler ohne Migrationshintergrund, welche die deutsche Sprache auch gut beherrschen, nicht immer auf dem gleichen Stand bleiben, sondern sich auch weiterentwickeln. Zweisprachig aufwachsende Kinder sind daher während der gesamten Schulzeit mit einer höheren Herausforderung konfrontiert, weshalb eine

---

[173] Gogolin/Neumann/Roth, S. 44.
[174] Gogolin/Neumann/Roth, S. 41.
[175] Siebert-Ott 2006a, S. 148.
[176] Müller, S. 162.
[177] Reich/Roth, S. 17-22.
[178] Steinig/Huneke, 205.

Sprachförderung und -unterstützung während der gesamten Schullaufbahn erfolgen sollte.

In diesem Zusammenhang stellt sich die Frage, welchen Einfluss die Zweitsprache auf den schulischen Erfolg hat, und welches die Funktionen der Erstsprache für die sprachliche Entwicklung eines Kindes sind. Aufgrund von vielfältigen Untersuchungen kann diese Frage ziemlich eindeutig beantwortet werden[179]: „Die Vernachlässigung der Muttersprache wirkt sich in negativer Art und Weise auf die Niveaus in der Muttersprache (L1) und der Zweitsprache (L2), die gleichzeitig die Schulsprache ist, auf die Lese- und Schreibfähigkeit und auf die allgemeine schulische Leistungsfähigkeit aus, und dies im Vergleich mit den Leistungen der Gleichaltrigen im Heimatland und der Gleichaltrigen im Gastland"[180]. Danach sind die negativen Folgen umso ausgeprägter, „wenn

- das Kind einer Minorität angehört, deren Sprache in der Mehrheitsgesellschaft wenig oder kein Prestige besitzt, nicht beachtet oder diskriminiert wird,
- das Kind einer niederen sozialen Schicht angehört und weniger Unterstützung beim schulischen Lernen erhält und
- die Erstsprache in Kindergarten und Schule in hohem Maße vernachlässigt wird"[181].

Bei den Erklärungsansätzen für die Bedeutung der Erstsprache für den Zweitspracherwerb lassen sich in diesem Rahmen die Interdependenzhypothese und die Schwellenhypothese anführen. Nach beiden Hypothesen ist im Bereich bestimmter sprachlicher und metasprachlicher Kompetenzen mit positiven Transfereffekten zu rechnen. Gerade bei zweisprachig aufwachsenden Kindern wurden beim Erwerb von schriftsprachlichen Kompetenzen und speziell bei der Entwicklung der Lesefähigkeit solche Transfereffekte beobachtet[182].

3.3.1.2. Die Interdependenzhypothese

Im Rahmen der Interdependenzhypothese wurde diskutiert, ob es eine strenge quasikausale Interdependenz (Abhängigkeit) zwischen der Erst- und Zweitsprache gibt und dementsprechend schulorganisatorisch reagiert werden kann und muss[183].

Die Interdependenzhypothese besagt, dass eine enge Abhängigkeit zwischen der Erst- und Zweitsprache besteht und dass bei der Entwicklung der Erstsprache eine Sprachkompetenz herausgebildet wird, welche als Grundlage für die Zweitsprachentwicklung zu sehen ist. Danach ist der Erfolg im Zweitspracherwerb vom Kompe-

---

[179] phzh NDK Migration und Schulerfolg, S. 4.
[180] Müller, S. 160 zitiert in phzh NDK Migration und Schulerfolg, S. 4.
[181] Baur/Meder nach Müller, S. 161 zitiert in: phzh NDK Migration und Schulerfolg, S. 4.
[182] Siebert-Ott 2006a, S. 149.
[183] Gogolin/Neumann/Roth, S. 45.

tenzniveau der Erstsprache abhängig[184]. Laut Cummins[185] sollte ein Kind erst eine Sprache richtig lernen, um so das erworbene Wissen auf die Zweitsprache transferieren zu können. „Eine niedrige Entwicklung der Erstsprache ist eine denkbar schlechte Voraussetzung für den Erfolg der Zweitsprache"[186]. Die zweisprachige Erziehung bei Kindern mit Migrationshintergrund sollte demzufolge erst dann einsetzen, wenn die Sprachkompetenzen in ihrer Muttersprache bereits erreicht sind. Für einen allgemeinen Schulerfolg könnte danach die Förderung der Erstsprache, welche in Abhängigkeit zur Zweitsprache steht, wichtig sein. Nach Cummins[187] ist eine alltägliche kommunikative Fähigkeit in der Zweitsprache nicht ausreichend, um den schulischen Anforderungen zu genügen und erfolgreich zu sein. Vielmehr muss ein Kind auch kognitiv-schulbezogene Sprachfähigkeiten aufweisen, wenn es erfolgreich sein will[188]. Demnach besteht nach der Interdependenzhypothese nicht nur bei den grundlegenden Kommunikationsfähigkeiten eine Interdependenz, also eine Abhängigkeit, zwischen der Erst- und Zweitsprache, sondern auch bei den schulisch-kognitiven Kompetenzen.

Anhand von Untersuchungen[189] an niederländischen Schulen kann gesagt werden, dass sich die schulische Förderung der Erstsprache im schlechtesten Fall neutral, in der Regel jedoch eher positiv auf den Zweitspracherwerb und somit den Schulerfolg auswirkt[190]. Dieser positive Einfluss der Förderung der Erstsprache ist aber an Bedingungen gebunden. So konnte gezeigt werden, „dass ein isolierter zusätzlicher Unterricht in der Herkunftssprache zwar verbesserte Leistungen in dieser, aber keine Auswirkungen auf das Niederländische als Zweitsprache erbringt"[191]. Es wird angenommen, dass für eine positive Auswirkung der Erstsprache auf die Zweitsprache neben der angemessenen Dauer der Maßnahme, auch die didaktische Koordinierung von herkunftssprachlichem Unterricht und Zweitsprachenunterricht entscheidend sind". Jedoch sind nicht nur die Dauer und die Koordination für einen positiven Einfluss ausreichend, vielmehr müssen auch die Art und Weise der Implementierung, wie die Akzeptanz und die Unterstützung zweisprachiger schulischer Programme berücksichtigt werden, welche die maßgeblichen Bedingungen für den schulischen Erfolg sind[192].

---

[184] Müller, S. 160 zitiert in: phzh NDK Migration und Schulerfolg, S. 4.
[185] Cummins 1979 nach Goddar zitiert nach Siebert-Ott 2006b, S.5.
[186] Cummins 1979 nach Müller zitiert in: phzh NDK Migration und Schulerfolg, S. 4.
[187] Cummins 1981 nach Müller zitiert in: phzh NDK Migration und Schulerfolg, S. 4.
[188] Siebert-Ott 2001, S. 33.
[189] de Bot/Driessen/Jungbluth 1989 und 1991 zitiert nach Gogolin/Neumann/Roth, S. 45.
[190] Gogolin/Neumann/Roth, S. 45.
[191] Gogolin/Neumann/Roth, S. 45.
[192] Gogolin/Neumann/Roth, S. 45 f.

Für den Zusammenhang zwischen dem Entwicklungsstand der Erstsprache und dem Zweitspracherwerb soll nun auch die Schwellenhypothese näher betrachtet werden.

3.3.1.3. Die Schwellenhypothese

Nach der Schwellenhypothese muss ein bestimmtes Niveau der sprachlichen Kompetenz erreicht werden, damit die Zweisprachigkeit keine negativen, sondern vielmehr positive Auswirkungen auf die kognitive Entwicklung hat[193]. Die positiven oder negativen Folgen der Zweisprachigkeit hängen hiernach von einer intervenierenden Variable ab, dem Kompetenzniveau, das ein bilinguales Kind in beiden Sprachen erreichen muss, wobei zwischen zwei Schwellenniveaus unterschieden wird[194], was anhand der folgenden Abbildung 15 näher erläutert werden soll.

Abbildung 15: Schwellen beim Zweitspracherwerb nach der Schwellenhypothese

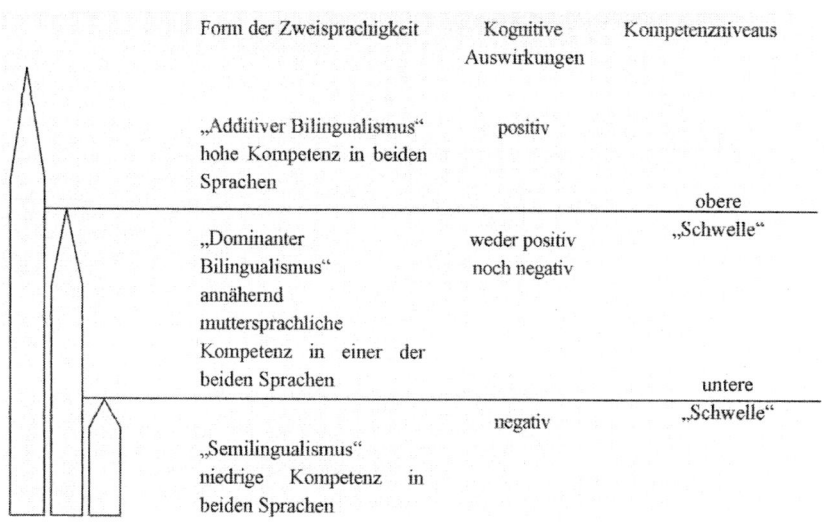

Quelle: Horn 1992, zitiert nach Salm 2000

Wie dieser Abbildung zu entnehmen ist, gibt es für einen positiven oder negativen Einfluss der Erstsprache auf den Zeitspracherwerb zwei Schwellen, die erreicht werden müssen. Das untere Schwellenniveau muss ein zweisprachiges Kind erreichen, damit keine negativen Auswirkungen in seiner Entwicklung eintreten, das obere

---

[193] Salm, S. 6.
[194] Triarchi-Herrmann, S. 25.

Schwellenniveau muss überschritten werden, damit es die positiven Auswirkungen des Bilingualismus erfahren kann[195]. Wenn ein Kind die untere Schwelle nicht erreicht, liegt ein `Semilingualismus´ vor, nämlich eine doppelseitige Halbsprachigkeit. Dies bedeutet, dass das Kind keine der beiden Sprachen richtig beherrscht und dass es in beiden Sprachen nur eine relativ geringe Sprachkompetenz aufweist, was zu negativen kognitiven Auswirkungen auf seine Entwicklung führen kann. In solchen Fällen spricht man von subtraktivem Bilingualismus, welcher vermehrt bei Minoritätenkindern mit geringem sozialem und sprachlichem Prestige zu finden ist[196]. Hier müssen die schulischen Bemühungen darauf gerichtet sein, in jedem Fall diese Schwelle zu überschreiten, damit negative kognitive Effekte vermieden werden, welche entstehen können, wenn das Kind weder die eine noch die andere Sprache richtig beherrscht[197]. Wenn das Kind die obere Schwelle überschreitet, kann es die positiven kognitiven Auswirkungen des Bilingualismus erfahren. In diesem Bereich liegt dann ein additiver Bilingualismus vor, wobei man auch von der Ausbildung einer kognitiv-akademischen Sprachfähigkeit sprechen kann, der vermehrt bei Majoritätenkindern mit stabiler Muttersprache und anerkanntem soziokulturellem Status zu sehen ist[198].

Wenn das Kompetenzniveau eines Kindes zwischen diesen beiden Schwellen liegt, dann hat sein Erstspracherwerb weder einen positiven noch einen negativen Einfluss auf den Erwerb der zweiten Sprache. In diesem Fall liegt ein dominanter Bilingualismus vor und das Kind hat annähernd muttersprachliche Kompetenzen in einer der beiden Sprachen, das heißt das Kind verfügt über gewisse altersentsprechende Kompetenzen, wobei jedoch eine Sprache dominiert[199]. Nach Salm[200] sind gute produktive Äußerungen in der Zweitsprache Deutsch rezeptive Verstehensleistungen, die bei Fremdsprachigen oft über ihre Erstsprache laufen, was bedeutet, dass die Förderung der Kinder in ihrer Muttersprache auch positive Effekte auf das Erlernen der Zweitsprache hat. In diesem Zusammenhang schreibt Schmitt[201]: „Für Schüler mit hoher Intelligenz kann die kognitive Herausforderung des Zweitspracherwerbs eine Steigerung der kognitiven Fähigkeiten wie Kreativität, Problemlöseverhalten und Flexibilität bewirken, Schüler mit mittlerer Intelligenz sind bei normalen Lebensbedingungen ohne weiteres zum Erwerb einer Zweitsprache fähig, für Schüler mit eher niedriger Intelligenz führt mangelnde Förderung in der Muttersprache zu Halbsprachigkeit in beiden Sprachen [...]". Auch ist nach Schmitt für einen guten Schulerfolg eines

---

[195]   Triarchi-Herrmann, S. 25.
[196]   Triarchi-Herrmann, S. 25.
[197]   Salm, S. 7.
[198]   Triarchi-Herrmann, S. 25.
[199]   Salm, S. 7.
[200]   Salm, S. 7.
[201]   Schmitt 1992, S. 150.

Migrantenkindes die Aneignung der kognitiv-akademischen Sprachkompetenz unabdingbar, welche in der Verwendung von Unterrichtssprache und Fachsprachen benötigt wird[202].

Zusammenfassend kann hier nun festgehalten werden, dass die zweisprachige Erziehung an sich weder eine direkte Gefahr, noch aber eine Chance für die kindliche Entwicklung darstellt. Es ist vielmehr vom einzelnen Kind und dessen Umfeld abhängig, wie sehr es sich die jeweiligen Sprachen aneignen kann. Jedoch kann dem Erwerb der Zweitsprache durch eine Unterstützung und Förderung positiv beigetragen werden, wenn nicht intrinsische oder externe Faktoren vorliegen, die eine kognitive, sprachliche und emotionale Entwicklung des Kindes beeinflussen. In diesem Fall kann die Entwicklung des Kindes auch durch die Zweitsprache verschlechtert werden. Wenn aber die Entwicklung des Kindes unproblematisch verläuft, dann kann die Zweisprachigkeit positiv auf den gesamten Entwicklungsverlauf wirken[203]. Im Rahmen der Sprachproblematik für Kinder mit Migrationshintergrund darf nie übersehen werden, dass die deutsche Sprache für die meisten auch die Zweitsprache darstellt, weshalb der Unterricht in den Schulen auch auf diese Kinder abgestimmt sein muss. Es sollte vermieden werden, dass Kinder mit und ohne Migrationshintergrund, welche unterschiedliche sprachliche Voraussetzungen mitbringen, didaktisch auch gleich unterrichtet werden. Daher müsste der Unterricht, vor allem der Deutschunterricht, didaktisch zwischen den Kindern, die Deutsch bereits als Erstsprache gelernt haben und solchen, die Deutsch als Zweitsprache lernen, unterscheiden und dementsprechend auch anders konzipiert sein. Im nächsten Abschnitt soll nun auf den schulischen Umgang mit sprachlicher Differenz und deren Folgen eingegangen werden.

3.3.2. Der schulische Umgang mit sprachlichen Differenzen

Aufgrund der vorangehenden Ausführungen kann man die Bedeutung der Zwei- bzw. Mehrsprachigkeit eindeutig erkennen. Festgestellt wurde auch, dass Kinder mit Migrationshintergrund mit anderen sprachlichen Eingangsvoraussetzungen in das deutsche Bildungssystem eintreten, als ihre Gleichaltrigen ohne Migrationshintergrund. Wenn unter diesen Voraussetzungen nun die Zweisprachigkeit nicht oder nur wenig Beachtung findet, kann davon ausgegangen werden, dass hier bereits eine eindeutige und erhebliche Benachteiligung dieser Kinder vorliegt, weil gerade auf die unterschiedlichen Ausgangsvoraussetzungen der Kinder nicht eingegangen wird.
Nach der PISA-Studie weisen 15-jährige Jugendliche mit Migrationshintergrund geringere Lesekompetenzen auf, als Schülerinnen und Schüler ohne Migrationshin-

---

[202] Schmitt 1992, S. 150.
[203] Ebenso Salm, S. 7.

tergrund, obwohl sie bereits die gesamte Schullaufbahn in Deutschland durchlaufen haben. Dies zeigt also, dass „'dieselbe' Förderung, wie sie Einsprachigen gegeben wird, bei Zweisprachigen zu anderen – schlechteren – Ergebnissen führt"[204]. Untersuchungen, wie z.B. FABER[205], haben gezeigt, dass Maßnahmen, welche zur Sprachförderung an deutschen Schulen eingesetzt wurden, häufig folgende Charakteristika aufweisen und deshalb für einen geringen Erfolg verantwortlich gemacht werden können:

- „Es erfolgte eine weitgehende Konzentration auf das Deutsche – also nur einen Teil der sprachlichen Gesamtkompetenz der Kinder und Jugendlichen mit Migrationshintergrund.

- Es war vielfach die Grundauffassung leitend, das man es mit einem Übergangsproblem zu tun habe. Daher wurden Maßnahmen von begrenzter Dauer etabliert, in denen eine Intensivförderung gegeben werden sollte. Die mitschwingende Hoffnung oder Annahme dabei ist, dass am Ende dieser Förderung eine Situation erreicht sei, die keine spezifische Rücksichtnahme oder Förderung mehr erforderlich mache, da die Besonderheiten quasi ausgeräumt wären"[206].

Laut Gogolin, Neumann und Roth[207] ist dies aber ein Irrtum, denn nach ihnen bleibt Zweisprachigkeit permanent als Bildungsvoraussetzung erhalten und nur langfristig angelegte Fördermaßnahmen können dazu beitragen, dass positive Einflüsse auf die sprachliche und schulische Entwicklung erreicht werden. Wie oben bereits auf Seite 51 erwähnt wurde, sind die deutschen Schulen nach dem Submersionsmodell aufgebaut, und weisen weitestgehend eine Konzentration auf die deutsche Sprache auf, wodurch die sprachlichen Kompetenzen der Kinder und Jugendlichen mit Migrationshintergrund kaum beachtet werden. Ein kontinuierlicher und fachbezogener Unterricht in der Erst- und Zweitsprache liegt damit also nicht vor. Eine Sprachförderung ist, wenn sie überhaupt vorliegt, nur auf eine begrenzte Dauer festgelegt.

Für den Bildungserfolg ist weiterhin nur eine Kommunikationsfähigkeit in der Alltags- oder Umgangssprache nicht ausreichend. Vielmehr ist der Erwerb der schriftnahen Standardsprache, also der Schulsprache, für den Bildungserfolg wichtig[208]. In diesem Zusammenhang hat primär die Schule die Aufgabe, „Kindern den Zugang zur Schrift und zum Schrifttum zu vermitteln und dafür zu sorgen, dass sie mit den sich steigernden Anforderungen an die Schriftförmigkeit der Unterrichtskommunikation Schritt halten können"[209], denn die deutsche Sprache, welche die Kinder in der Schule verstehen und gebrauchen lernen, unterliegt den eigenen Ge-

---

[204] Gogolin/Neumann/Roth, S. 50.
[205] FABER steht für 'Folgen der Arbeitsmigration für Bildung und Erziehung'.
[206] Gogolin/Neumann/Roth, S. 50.
[207] Gogolin/Neumann/Roth, S. 50.
[208] Ebenso Siebert-Ott 2006a, S. 148.
[209] Gogolin/Neumann/Roth, S. 51.

setzmäßigkeiten einer formalisierten Fachsprache. Das Deutsch der Schule unterscheidet sich also deutlich von den Sprachvarianten, die in der alltäglichen mündlichen Kommunikation eine Rolle spielen, das heißt, dass die gesprochene und die geschriebene Sprache variieren. Hier ist für sprachlernende Menschen besonders gravierend, dass die Unterschiede zwischen der mündlichen Alltagssprache und der Schulsprache vor allem im strukturellen Bereich liegen[210]. In diesem Zusammenhang ist aber auch deutlich darauf hinzuweisen, dass beim Erlernen der schriftnahen Schulsprache nicht nur Kinder mit Migrationshintergrund Schwierigkeiten aufweisen, sondern auch häufig monolingual deutschsprachige Kinder. Obwohl dieses Problem bereits bekannt ist, fehlt es in Deutschland immer noch an systematischen Lehreraus- und -fortbildungen in diesem Bereich[211]. Was den Bildungserfolg betrifft, haben auch hier wieder Kinder aus bildungsnahen Familien die Möglichkeit, die in der Schule erwartete schriftnahe Sprache bereits zu Hause zu erlernen, indem ihre Eltern ihnen vermehrt vorlesen und sie dadurch eher zum Kontakt mit der Sprache gelangen, was wieder zu besseren Leistungen in der Schule führt. Im Gegensatz zu diesen Kindern haben Kinder – unabhängig von einem eventuellen Migrationshintergrund –, deren Eltern der Schriftsprache nicht besonders gewachsen sind, weniger bis kaum die Möglichkeit, sich auf die Schriftförmigkeit der schulischen Kommunikation vorzubereiten. Ihnen bleibt nur die Schule als Lernort, woraus dann wiederum ein Bildungsmisserfolg hervorgehen kann[212]. Daher ist es sehr wichtig, dass auch vorschulische Institutionen (z.B. Kindergarten) Kinder auf die Schulsprache vorbereiten und sich um die Sprachförderung kümmern, was wenigstens dazu beitragen kann, dass bessere Startbedingungen für alle Kinder vorliegen. Im Bereich der Förderung der Zweitsprache Deutsch und im Bereich der Förderung der Herkunftssprachen fehlt es aber leider immer noch an zukunftsweisenden Konzepten[213], so dass vor allem die deutschen Schulen nicht in der Lage zu sein scheinen, sich darauf einzustellen, dass Kinder mit Migrationshintergrund besondere sprachliche Voraussetzungen in die Bildungsinstitution mitbringen.

Daraus, dass die Schulen also weniger mit sprachlichen Differenzen umgehen und vielmehr eine gleichmäßige Erziehung für Kinder mit und ohne Migrationshintergrund bevorzugen, resultiert zum Teil, dass die Kinder und Jugendlichen mit Migrationshintergrund im deutschen Schul- und Ausbildungssystem nicht erfolgreich sein können, was auch die bisherigen Ausführungen gezeigt haben. Auch wurde an vielen Stellen der Arbeit gezeigt, dass Kinder mit Migrationshintergrund aufgrund der geringen Sprachkompetenz den Lernstoff nicht gut beherrschen können, woraus dann m.E. wiederum folgt, dass sie kein Interesse am Unterricht zeigen, da sie oftmals

---

[210]   Gogolin/Neumann/Roth, S. 51.
[211]   Siebert-Ott 2006a, S. 148.
[212]   So ähnlich auch Gogolin/Neumann/Roth, S. 51.
[213]   Siebert-Ott 2006, S. 148.

einfach überfordert sind, Inhaltliches zu verstehen. Für einen Bildungserfolg ist nämlich die Beherrschung der deutschen Sprache auf einem dem Bildungsgang angemessenen Niveau von entscheidender Bedeutung. Die z.T. durch die Sprachdefizite hervorgerufenen Bildungsmisserfolge führen auch dazu, dass die Jugendlichen oft, wenn überhaupt, einen schlechten Abschluss erreichen, was im Berufsleben mitursächlich dazu führt, dass sie keine berufliche Ausbildung ausüben können oder keine Arbeit finden, woraus dann auch die hohe Arbeitslosenzahl bei Migranten resultiert. Auch führen die mangelnden Sprachkenntnisse dazu, dass die Eltern der Kinder und Jugendlichen mit Migrationshintergrund weniger die Möglichkeit haben, mit den Lehrpersonen zu kommunizieren und daher kein Interesse an den schulischen Leistungen ihrer Kinder aufweisen. Die Fähigkeit der Eltern, sich in der offiziellen Landessprache zu verständigen und zu kommunizieren, kann den Schulerfolg ihrer Kinder dagegen positiv beeinflussen[214]. Man kann also zusammenfassend sagen, dass die Sprache insgesamt einen enormen Einfluss auf die Verhältnisse Schule (Lehrer) – Schülerin/Schüler, Schule (Lehrer) – Eltern und Eltern – Kinder hat.

Reich und Roth[215] geben in ihrer Studie zum Spracherwerb von zweisprachig aufwachsenden Kindern und Jugendlichen einen Überblick über den Stand der nationalen und internationalen Forschung, wobei nach ihren Einschätzungen folgende Aussagen als Konsens in der Forschung zur Zweisprachigkeit und zur zweisprachigen Bildung gelten können, womit dieses Kapitel der Arbeit abgeschlossen wird:

- „Individuelle und gesellschaftliche Zwei- und Mehrsprachigkeit sind, weltweit und weltgeschichtlich betrachtet, eine Normalität [...]
- Individuelle Zweisprachigkeit stellt keine intellektuelle Überforderung dar [...]
- Die Erstsprache und die Zweitsprache zweisprachiger Kinder und Jugendlicher beeinflussen sich im Entwicklungsprozess gegenseitig im Sinne von Transfereffekten [...]
- Persönliche Probleme mit der Zweisprachigkeit haben Ursachen im engeren und weiteren sozialen Umfeld. Diese können vielfältig und komplex sein [...]
- Schulische Erfolge und Misserfolge zweisprachiger Schülerinnen und Schüler sind Ergebnisse von Interaktionsgeschichten zwischen der Schule und Schülerinnen und Schülern [...]
- Auf Seiten der Schülerinnen und Schüler sind die Sozialschichtzugehörigkeit und die Beherrschung der Unterrichtssprache die beiden einflussreichsten Faktoren.
- Auf Seiten der Schule ist das Verhältnis der Einflussfaktoren nicht geklärt [...]. In Anbetracht zu ziehen sind das Schulklima, die Passung des Curriculums und die Qualität des Unterrichts, welche ihrerseits von der sprachlichen und didaktischen Qualifikation der Lehrkräfte abhängt [...]"[216].

---

[214] Ebenso Stanat/Christensen, S. 139.
[215] Reich & Roth zitiert nach Siebert-Ott 2006b, S. 6.
[216] Reich & Roth, S. 41 zitiert nach Siebert-Ott 2006b, S. 6.

3.4. Resümee

In Kapitel 3 wurden einige Erklärungsansatze und Bedingungsfaktoren für eine Bildungsbenachteiligung und einen geringen Bildungserfolg von Kindern und Jugendlichen mit Migrationshintergrund dargestellt, wobei alle aufgeführten Faktoren für eine solche Bildungsbenachteiligung eine große Rolle spielen. Die bei den Migranten selbst „angesiedelten Defizite", wie z.b. ihre sozialen und ökonomischen Verhältnisse, ihr kulturelles Kapital und vor allem die geringen Sprachkenntnisse führen zusammen mit dem selektiven deutschen Schulsystem und einer vorliegenden institutionellen Diskriminierung dazu, dass Migrantenkinder und -jugendliche immer mehr benachteiligt werden und dadurch weniger Chancen auf eine Bildungskarriere haben. Die Ausführungen zur Bildungsbeteiligung und zur Zweisprachigkeit haben gezeigt, dass es den deutschen Schulen und Bildungsinstitutionen bisher nicht gelungen ist, benachteiligten Kindern und Jugendlichen durch Förderung einen besseren Bildungserfolg zu ermöglichen. Daher müssten Reformen und Veränderungen zunächst im schulischen Bereich angesiedelt sein, die zu einer Chancengleichheit für alle führen können. Im nächsten Kapitel soll nun auf die Möglichkeiten der schulischen Förderung der Kinder und Jugendlichen mit Migrationshintergrund und – wie im letzten Punkt genannt – auf die sprachlichen und didaktischen Qualifikationen der Lehrkräfte eingegangen werden. Denn die Erfüllung pädagogischer Qualitätskriterien ist wichtiger als die Entscheidung für die eine oder andere schul- oder unterrichtsorganisatorische Option[217].

---

[217] Ebenso Reich & Roth, S. 42 zitiert nach Siebert-Ott 2006b, S. 6.

4. Schulische Förderung von Kindern und Jugendlichen mit Migrationshintergrund und Perspektiven und Chancen für ein gerechtes deutsches Schulsystem

4.1. Förderung der Sprachkenntnisse

Seit der Veröffentlichung der PISA-Studie hat die Förderung des Deutschen als Zweitsprache wieder an Aufmerksamkeit gewonnen, wobei sich der Blick vor allem auf die Schuleintrittsphase und die Grundschule richtet[218].

Unzweifelhaft ist, wie auch schon mehrfach erwähnt, dass der Erwerb der Verkehrssprache Deutsch für die Chancen der Kinder und Jugendlichen mit Migrationshintergrund vorrangig ist und auch besondere Methoden der Förderung erfordert. Die Bildungskommission der Heinrich-Böll-Stiftung hat sich in diesem Zusammenhang folgende Anforderungen gesetzt:

- „Sprache ist eine Persönlichkeit wie keine andere.
- Der Erwerb der Verkehrssprache ist unabdingbar und zwar auf einem Niveau, der nicht nur die alltägliche Kommunikation ohne Probleme ermöglicht, sondern auch den Gebrauch von Fachsprachen, die für den beruflichen Erfolg erforderlich sind.
- Die Vielfalt der vorhandenen sprachlichen Kompetenzen ist als Ressource zu nutzen.
- Ziel ist die Mehrsprachigkeit für alle Kinder, daher sollten auch die jeweiligen Familiensprachen mit diesem Ziel weiterentwickelt werden.
- Die Familiensprache ist erforderlich, wie sie für die Identität von Kindern und Jugendlichen von diesen selbst gewünscht wird. Ein Bruch in der Sprachentwicklung sollte vermieden werden.
- Die Familiensprache ist gleichwohl nicht zwingende Voraussetzung für den Erwerb der Verkehrssprache"[219].

Die aufgeführten Aspekte zeigen neben den bisherigen Ausführungen, dass eine, vor allem frühe und intensive Förderung, ein vorrangiges Anliegen der Bildungsinstitutionen sein sollte, denn erst durch eine möglichst frühe Förderung, z.B. schon im Kindergarten, können die in der natürlichen Muttersprache liegenden Ressourcen opti-

---

[218]   Gogolin/Neumann/Roth, S. 68 f.
[219]   Heinrich-Böll-Stiftung, S. 219 f.

mal genutzt werden[220]. Sprachförderung im Kindergarten braucht eine Einbindung in motivierende und spielerische Konzepte der interkulturellen Bildung und Erziehung im Elementarbereich, was aber nicht als reine Vorschule verstanden werden darf, sondern einfach die Neugier und den Lerneifer der Kinder wecken soll[221]. Es bietet sich für solche Konzepte und Lernphasen besonders an, dass die Eltern, vor allem der überwiegend erziehende Elternteil (z.B. die Mutter), mit einbezogen werden und dass Familien und Einrichtungen zusammenwirken. In Nordrhein-Westfahlen kann man solche Programme bereits bei den Modellen wie „Griffbereit" [222] oder „Rucksack"[223] sehen, wo es um den Erwerb von Vokabular und Sprachstrukturen parallel in der Familiensprache und in der deutschen Sprache geht. Damit die sprachlichen Bildungsprozesse bei den Kindern unterstützt werden, müssen sie bewusst und systematisch begleitet werden. Da die sprachliche Diversität eine zentrale Herausforderung für Kindergärten und Grundschulen darstellt, wäre eine bessere Abstimmung und Zusammenarbeit zwischen beiden sehr sinnvoll[224]. „Zweisprachigkeit in früher Kindheit ist eine wichtige Bereicherung für den Lern- und Entwicklungsprozess des Kindes. Es geht beim Deutschlernen in der KiTa nicht darum, die Muttersprache zu verdrängen, im Gegenteil: die Akzeptanz der Muttersprache und ihrer grundlegenden Funktion für die Persönlichkeitsbildung des Kindes ist eine wichtige Voraussetzung dafür, Deutsch zu lernen"[225]. Damit die Erzieherinnen und Erzieher in Kindergärten den Anforderungen der Spracherziehung genügen, brauchen sie auf jeden Fall eine verstärkte Qualifizierung, wozu eine Schulung oder Fortbildung erforderlich ist[226].

Auch im schulischen Bereich hat ein Kind einer gesellschaftlich benachteiligten Minorität genauso einen menschenrechtlichen Anspruch auf die Entfaltung seiner Mutter- bzw. Erstsprachenkompetenz, wie ein Kind, das der Bevölkerungsgruppe der Majorität angehört. Auf eine solche Förderung hat demnach ein Migrantenkind in einer demokratischen Gesellschaft ein elementares Recht[227], weshalb es die Möglichkeit haben sollte, innerhalb des allgemeinen Bildungswesens, also in der Schule, ein generelles Angebot sowohl des Unterrichts zur Entfaltung seiner Muttersprache

---

[220] Riehl, S. 22.

[221] Heinrich-Böll-Stiftung, S. 222.

[222] Heinrich-Böll-Stiftung, S. 222.

[223] Heinrich-Böll-Stiftung, S. 222.

[224] Heinrich-Böll-Stiftung, S. 222.

[225] Böger, S. 23.

[226] Böger, S. 22.

[227] In Schweden haben Schülerinnen und Schüler auch einen Rechtsanspruch auf Unterricht in ihrer Herkunftssprache, weshalb dort in der Regel entsprechende Kurse eingerichtet werden, wenn mindestens fünf Schülerinnen und Schüler mit derselben Herkunftssprache in eine Gemeinde leben.
Vgl. Stanat/Christensen, S. 177.

als auch zur Aneignung der Zweitsprache zu nutzen[228]. In diesem Zusammenhang stellen Reich und Roth Folgendes klar[229]: „Unterricht im Medium beider Sprachen ist ein starkes Instrument zur Verbesserung des Schulerfolgs zweisprachiger Schülerinnen und Schüler und kann, wenn weitere Qualitätskriterien erfüllt sind, zur Chancengleichheit mit einsprachigen Schülerinnen und Schüler führen". Nach Siebert-Ott[230] kann ein bewusst gesteuerter Einsatz der Sprachen im Curriculum, eine Kombination von Zweitsprachförderung und Unterricht in der Herkunftssprache zu besseren Ergebnissen führen, als einsprachig in der Zweitsprache erteilter Unterricht, sofern er didaktisch durchdacht koordiniert und über einen längeren Zeitraum angeboten wird. Sämtliche Ausführungen kommen zu dem Ergebnis, dass eine Förderung in der Erst- und Zweitsprache für Kinder mit Migrationshintergrund eine sehr große Rolle spielt und auch sehr wichtig ist. Die Schlüsselfrage zur Verbesserung des Schulerfolges ist somit eine Veränderung des Unterrichts. Hierzu muss ein „spezifisches didaktisches und methodisches Konzept entwickelt werden, das die Voraussetzungen auch der Kinder mit Migrationshintergrund, ihre Stärken und Schwächen von Anfang an systematisch einbezieht"[231]. Zu diesem Zweck muss im Mittelpunkt der Unterrichtsentwicklung das sprachliche Lernen stehen, zu welchem vor allem ein sprachsensibler Unterricht in allen Fächern (unter Einschluss von Deutsch als Zweitsprache) und eine Koordinierung des Unterrichts in den Herkunftssprachen mit dem Regelunterricht gehören[232]. Es gibt mittlerweile in vielen Bundesländern `Deutsch als Zweitsprache´ im Angebot, auch ist eine Eingliederung der Erstsprachen in den Unterricht immer wieder zu sehen. Als Beispiel seien hier die Europa-Schulen in Berlin zu nennen, welche von Anfang an bilingual aufgebaut sind. Solche Schulen sind nach einem `two way immersion-Progamm´ aufgebaut, wo die deutsche Sprache mit einer weiteren Sprache kombiniert wird und Schülerinnen und Schüler aus zwei Sprachgruppen zu einer Lerngruppe zusammengefasst werden[233]. Diese Europa-Schulen sind wegweisende Modelle zur Förderung von Zweisprachigkeit, wo beide Sprachen gleich viel zählen. An der Aziz-Nesin-Grundschule in Berlin, welche hier beispielhaft für eine Europa-Schule genannt wird, wird schon in Vorklassen die Zweisprachigkeit gestärkt und die Schülerinnen und Schüler lernen das Lesen und Schreiben in ihrer jeweiligen Erstsprache. Es wird zweisprachig unterrichtet und das interkulturelle Lernen ist das übergeordnete Ziel. Auch Schüler ohne Deutschkenntnisse sind hier willkommen[234]. Grundsätzliches Ziel der Europa-Schulen ist es, den Schülerinnen

---

[228]   Schmitt 1992, S. 151.
[229]   Reich & Roth, S. 42.
[230]   Siebert-Ott 2006a, S. 152.
[231]   Jaitner, S. 26 f.
[232]   Jaitner, S. 26 f.
[233]   Siebert-Ott 2006a, S. 154.
[234]   Schmitt 2002a, S. 160 f.

und Schülern bis zum Ende ihrer Schullaufbahn annähernd gleiche Kompetenzen in beiden Sprachen sowie eine besondere interkulturelle Kompetenz zu vermitteln[235]. An vielen anderen Grundschulen, die auch nach dem 'two way immersion-Programm' aufgebaut sind, wird der Anfangsunterricht im Lesen und Schreiben für die gesamte Lerngruppe zunächst nur auf Deutsch erteilt, wohingegen an der Staatlichen Europa-Schule in Berlin für den Anfangsunterricht in der Muttersprache und in der Partnersprache die beiden Sprachgruppen getrennt werden, denn hier wird zunächst in der dominanteren Sprache alphabetisiert und die Partnersprache wird nur mündlich und mit einem geringeren Stundenanteil unterrichtet[236]. Man könnte dieser Methode von Sprachaneignung kritisch ankreiden, dass durch eine Trennung der beiden Sprachen die Möglichkeit nicht genutzt wird, dass Kinder von Anfang an miteinander und voneinander die verschiedenen Sprachen lernen. Leider gibt es aber hierzu noch keine genaueren Untersuchungen, weshalb eine intensivere wissenschaftliche Begleitung und Evaluierung der in Deutschland angebotenen two way immersion-Progamme sehr hilfreich wären[237]. In mehreren Bundesländern existieren mittlerweile auch Lehrpläne, die 'Deutsch als Zweitsprache' enthalten. Daneben werden auch schon vermehrt Anstrengungen unternommen, den Früherwerb von Fremdsprachen zu fördern, wobei der Blick hier vor allem auf die Grundschulen gerichtet ist. So haben die meisten Bundesländer bereits einen Fremdsprachenunterricht ab der 3. Grundschulklasse eingeführt. In Baden-Württemberg flächendeckend und in Rheinland-Pfalz findet ein solcher Fremdsprachenunterricht bereits in der 1. Klasse statt. Das Hauptmotiv für die frühe Aufnahme des Fremdsprachenunterrichts in der Grundschule ist die veränderte Lebenswirklichkeit, in der sich die Kinder heute befinden. Zu nennen ist hier vor allem das Zusammenleben mit Zuwanderern[238]. Das Sprachangebot des Pflichtunterrichts in den Grundschulen unterscheidet sich aber meist vom traditionellen Fremdsprachenkanon der Sekundarstufe: Gegenüber Englisch und Französisch sind die Herkunftssprachen der hier lebenden Migranten wieder deutlich unterrepräsentiert[239].

Abschließend und zusammenfassend kann zur Förderung der Sprachkenntnisse von Kindern und Jugendlichen mit Migrationshintergrund gesagt werden, dass eine intensive und frühe Förderung in beiden Sprachen von größter Bedeutung ist, damit diese auch von guten Bildungserfolgen profitieren können. Eine zweisprachige Förderung sollte möglichst schon im Kindergarten oder aber spätestens in der Grundschule einsetzen, wo auf die Interessen und Ressourcen der Kinder vermehrt eingegangen werden sollte.

---

[235] Siebert-Ott 2006a, S. 154.
[236] Siebert-Ott 2006a, S. 154 f.
[237] Siebert-Ott 2006a, S. 155.
[238] Gogolin/Neumann/Roth, S. 69 f.
[239] Gogolin/Neumann/Roth, S. 70.

Stanat und Christensen[240] haben im Rahmen von PISA 2003 eine Zusatzuntersuchung über nationale Bestimmungen und Maßnahmen zur Förderung von Kompetenzen in der Unterrichtssprache für Schüler mit Migrationshintergrund durchgeführt und kommen aufgrund ihrer Befunde zu folgenden Ergebnissen:

- In manchen Ländern (z.B. Australien, Kanada und Schweden), die relativ kleine Leistungsunterschiede zwischen Jugendlichen mit und ohne Migrationshintergrund bzw. kleinere Leistungsnachteile bei Jugendlichen der zweiten Generation als bei solchen der ersten Generation aufweisen, existieren seit geraumer Zeit Sprachförderprogramme mit klar definierten Zielen und Standards.
- In anderen Ländern (z.B. Deutschland und Schweiz) dagegen, in denen die Schülerinnen und Schüler mit Migrationshintergrund signifikant schlechtere Leistungen als ihre Altersgenossen aus einheimischen Familien erzielen, ist die Sprachförderung weniger systematisch organisiert[241].

Ausgehend von diesen Befunden und den bisherigen Ausführungen ist zu folgern, dass durch eine gezielte Sprachförderung dem Bildungserfolg von Kindern und Jugendlichen mit Migrationshintergrund beigetragen werden kann. Hierbei ist aber Grundvoraussetzung, dass die Spracherfahrung des zweisprachigen Kindes nicht diskriminiert, sondern akzeptiert und anerkannt wird. Jugendliche sollten spätestens beim Verlassen der Schule die Fähigkeit besitzen, sich uneingeschränkt an der gesellschaftlichen Kommunikation zu beteiligen. Dafür ist es erforderlich, dass Deutsch als Zweitsprache während der gesamten Schulzeit als Unterrichtsangebot zum Kerncurriculum und darüber hinaus in die berufliche Bildung, die Hochschule und die Weiterbildung gehört. „Lebenslanges Lernen muss sich ausdrücklich auf den Erwerb und die Entwicklung der Sprachkompetenz beziehen – zudem werden so Quereinstiege ins deutsche Bildungssystem unterstützt"[242].

4.2. Qualifikation des Personals – Lehrerbildung

Um die zuvor genannten notwendigen Maßnahmen zur Sprachförderung und zum Umgang mit Heterogenität im deutschen Schulsystem zu integrieren, muss das pädagogische Personal über entsprechende Qualifikationen verfügen. Obwohl multikulturelle Schulen mit heterogenen Lernergruppen immer mehr zum Normalfall werden oder es bereits sind, haben sich weder die Lehreraus- und -fortbildung, noch die Schulen und ihre Lehrkräfte darauf eingestellt, einen diesen sprachlich heterogenen Klassen angemessenen Unterricht zu gewährleisten[243]. Nach Gogolin, Neumann und

---

[240]   Stanat/Christensen, S. 137.
[241]   Stanat/Christensen, S. 178.
[242]   Heinrich-Böll-Stiftung, S. 220.
[243]   Ziebell, S. 32.

Roth ist gegenwärtig auch noch nicht gesichert, „dass alle angehenden Lehrerinnen und Lehrer während ihrer Ausbildung die Bedeutung von sprachlicher und kultureller Heterogenität für Bildungsprozesse kennen lernen und Qualifikationen erwerben"[244]. Daher ist es sinnvoll, dass bereits an Universitäten und Hochschulen ein verpflichtendes Angebot im Umgang mit Schülerinnen und Schülern nicht-deutscher Herkunft angeboten werden. Zum Teil wurden solche Themen von einigen Bundesländern in die Lehrerprüfungsordnung aufgenommen, wobei aber die Lehrkräfte an Gymnasien davon ausgeschlossen wurden[245]. Dies zeigt auch wieder, dass die Zuständigkeit dieser Schülergruppe auf die niedrigeren Schularten abgewälzt wird. An den Berliner Hochschulen besteht ein verpflichtendes Angebot ´Arbeit mit Schülerinnen und Schülern anderer Herkunftssprachen´ für alle Lehramtsstudierende, die eine entsprechende Teilnahme auch nachweisen müssen. Auch in Schleswig-Holstein müssen die Studierenden des Faches Deutsch die Grundkenntnisse in ´Deutsch als Zweitsprache´ nachweisen. In anderen Bundesländern (z.B. Brandenburg) ist die Thematik der interkulturellen Bildung auf die zweite Ausbildungsphase verlagert oder aber überhaupt nicht vorgesehen (z.B. im Saarland)[246]. Zusammenfassend lässt sich mit Gogolin, Neumann und Roth[247] sagen, dass die Situation der Lehrerbildung in Bezug auf Fragen interkultureller Bildung und die Vorbereitung auf die Heterogenität der Schülerschaft nicht zufrieden stellend ist. Diese wird insgesamt eher als spezielles Problem aufgefasst, was zu einem Angebot an bestimmten Ausbildungsgängen und Zusatzqualifikationen führt. Die Hamburger Kommission Lehrerbildung hat im September 2000 einen Reformvorschlag mit den Themen „Neue Medien", „Umgang mit kultureller und sozialer Heterogenität" und „Schulentwicklung" vorgelegt, die in Verbindung mit Kerncurricula in der ersten und zweiten Phase der Lehrerausbildung angeboten werden sollen. Hierbei wird das Ziel verfolgt, dass alle Lehrkräfte die Gelegenheit bekommen, sich Grundkenntnisse in Fragen von Spracherwerb, Deutsch als Zweitsprache und innersprachlicher Heterogenität anzueignen, um einen bewussten und zielgruppengerechten Einsatz der Unterrichtssprache Deutsch in jedem Fach zu erreichen[248]. Diese Entwicklung in der Lehrerbildung sollte als wegweisend für alle Bundesländer gelten und verpflichtender Bestandteil der Lehrerbildung sein. Es sollte auch bedacht werden, dass in Zukunft zunehmender Einwanderung die Heterogenität und der Umgang mit sprachlichen Differenzen für die Schule und die Lehrerbildung kein Neben-, sondern das Hauptproblem darstellt. Weiterhin müssen der Fachunterricht und die Wissenschaften in interkultureller und

---

244 Gogolin/Neumann/Roth, S. 86.
245 Gogolin/Neumann/Roth, S. 86.
246 Gogolin/Neumann/Roth, S. 87.
247 Gogolin/Neumann/Roth, S. 87.
248 Gogolin/Neumann/Roth, S. 88.

globaler Ausrichtung neu vermessen und konzipiert werden. Hierbei gilt: Interkulturell-globale Bildung

- tritt ein für kritisch-aktive Integration und Chancengleichheit,
- ist antirassistisch und kulturoffen,
- fördert Zwei- und Mehrsprachigkeit und gesellschaftliche Sprachenvielfalt und
- ist historisch-politisch-soziale, ökonomische und ökologische Bildung durch alle Fächer hindurch[249].

Im Rahmen der Lehrerfortbildung werden Fortbildungsangebote in allen Bundesländern auf regionaler und zentraler Ebene durchgeführt. Diese Angebote beziehen sich auf die gesamte Bandbreite der interkulturellen Bildung und reichen von Einzelveranstaltungen bis hin zu systematischen und regelmäßigen Angeboten eigener Abteilungen in den entsprechenden Instituten[250]. In diesem Zusammenhang sollen zehn Leitlinien[251] einer erfolgreichen Lehrerfortbildung dargestellt werden:

- Teilnehmer- und Bedarfsorientierung: Die Berufspraxis der Lehrer und Lehrerinnen, ihr Erfahrungswissen und das praktische Lernen voneinander in Lehrerteams ist eine der wichtigsten Quellen und Ressourcen jeglicher Lehrer(selbst)fortbildung.
- ESRA: Erfahrung, Simulation, Reflexion, Anwendung: Der methodisch-didaktische Aufbau der Fortbildung orientiert sich an dem „ESRA"-Modell.
- Einheit von Inhalt und Form – Kongruenz von Weg und Ziel: Das, was von den Lehrkräften an Veränderungen in ihrem Unterricht erwartet wird, sollten sie in der Fortbildung als praktisches Beispiel selbst erfahren haben; das was sie in ihren Lerngruppen durchführen möchten, sollten sie vorher (an sich selbst) erprobt haben.
- Teamarbeit der Fortbildnerinnen und Fortbildner – Teamarbeit der Lehrenden an den Schulen: Die Förderung und Forderung der Zusammenarbeit der teilnehmenden Lehrkräfte ist vorrangiger und integraler Bestandteil der Fortbildung.
- Vermittlung theoretischen Grundlagenwissens: Theoretisches Hintergrundwissen wird stets in Verbindung mit praktischen Beispielen vermittelt.
- Methodenvielfalt und ganzheitliche Lehr/Lernmethoden: Bezüglich der zu vermittelnden Methoden sollte es keine Festlegung auf nur einzelne methodische Ansätze geben. Ziel ist die Erweiterung der Methodenkompetenz durch die Vermittlung eines umfangreichen Methodenrepertoires an vielfältigen Ansätzen. Die

---

[249] Schmitt 2002b, S. 184.

[250] Schmitt 2002b, S. 88.

[251] Diese Leitlinien wurden von dem Trainerteam des Kompetenzzentrums im Rahmen von Fortbildungen für Lehrende an Berufskollegs sowie in der Fortbildungsreihe „Sprachliches Lernen in Klasse 5/6 , das von der Bezirksregierung Köln in Zusammenarbeit mit dem Kompetenzzentrum Sprachförderung durchgeführt wurde, entwickelt. Vgl. Ziebell, S. 33 ff.

Grundlage hierfür sind Merkmale, Techniken und Strategien erfolgreichen Lernens.

- Umsetzbarkeit und Praxisbezug – Materialentwicklung und -erprobung: Die kontinuierliche Erprobung und Umsetzung der Fortbildungsinhalte im praktischen Unterricht und die Begleitung der Teilnehmenden durch die Fortbildner und die Fortbildungsgruppe sind ein wesentlicher Bestandteil der Fortbildung.
- Prozessorientierung und regelmäßige Prozess- und Ergebnisevaluation: Es geht nicht um eine Fortbildung mit dem Ziel reiner Kenntnis- und Fähigkeitserweiterung, sondern die teilnehmenden Lehrkräfte entwickeln und erproben gemeinsam als Lehrforscher und Lehrentwickler auch Neues.
- Verantwortung aller Beteiligten für den Fortbildungsprozess: Jede teilnehmende Lehrkraft trägt auch die Mitverantwortung für den Ablauf und die Resultate der Fortbildung für sich selbst sowie für die gesamte Fortbildungsgruppe.
- Nachhaltigkeit durch Umsetzungsbegleitung und Einbettung in Schulentwicklung: Diese Formen der Umsetzungsbegleitung und der Verknüpfung mit Schulentwicklung entsprechen dem Konzept „Selbstständige Schule", in dem die Qualifizierung der Lehrkräfte als Bestandteil und „als Voraussetzung für eine gelingende Unterrichtsentwicklung" gesehen wird. Die Etablierung von Unterrichtsbeobachtung als „Mittel zur professionellen Entwicklung" der Lehrenden und als „Instrument zur Qualitätsentwicklung" von Unterricht und Schule, trägt dazu bei, den Transfer der Fortbildungsinhalte in die Unterrichtspraxis zu gewährleisten.

Anhand dieser Leitlinien wurde gezeigt, wie der Transfer in die Schulen begleitet und gewährleistet werden kann und somit der Erfolg einer Fortbildungsmaßnahme erfahrbar wird und nachhaltig sein kann[252].

---

[252] Ziebell, S. 43.

5. Zusammenfassende Schlussbetrachtung

Ziel dieser Arbeit war es, die schulische Bildung von Kindern und Jugendlichen mit Migrationshintergrund, ihre geringen Bildungserfolge und die Bildungsbenachteiligungen darzustellen. Hierbei wurde im Kontext der vorliegenden Untersuchung deutlich, dass Kinder und Jugendliche mit Migrationshintergrund im Vergleich zu deutschen Schülern ohne Migrationshintergrund im deutschen Bildungssystem deutlich schlechter abschneiden und erheblich geringere Chancen haben, eine erfolgreiche Schulkarriere zu durchlaufen. Kinder und Jugendliche mit Migrationshintergrund sind an Hauptschulen (und Sonderschulen) stark überrepräsentiert, dagegen weisen sie an Gymnasien eher eine deutliche Unterrepräsentanz auf. Auf Gesamtschulen – die es leider nicht in allen Bundesländern gibt – ist eindeutig zu sehen, dass die Migrantenkinder bessere Leistungen erzielen als an den weiterführenden Schulen des dreigliedrigen deutschen Schulsystems. Jugendliche mit Migrationshintergrund verlassen vermehrt die Hauptschule ohne einen Abschluss, was auch wiederum dazu führt, dass sie keine berufliche Ausbildung ausüben können.

Im nationalen Vergleich ist zu sehen, dass regionale Unterschiede in der Bildungsbeteiligung und im Bildungserfolg vorliegen. So schneiden Kinder und Jugendliche mit Migrationshintergrund von Bundesland zu Bundesland unterschiedlich ab. Dies legt den Schluss nahe, dass es für sie keine bundesweit gleichen Chancen für den Zugang zu weiterführenden Schulen gibt. Das Scheitern dieser Kinder und Jugendlichen hat nicht nur ihre Kulturzugehörigkeit als Ursache, vielmehr spielen auch andere Umstände eine Rolle wie etwa die institutionelle Diskriminierung, die Bildungserfahrung der Eltern, Sprachdefizite der Eltern und ihrer Kinder, die Didaktiken der schulischen Bildungspläne, etc., denn der Bildungsmisserfolg liegt bei allen Kindern und Jugendlichen mit Migrationshintergrund vor, auch wenn sie aus Kulturen stammen, die der deutschen Kultur sehr nahe sind.

Auch zeigen sämtliche Ergebnisse aus den PISA-Studien, dass Schüler mit Migrationshintergrund nicht mal annähernd das Leistungsniveau der Schüler ohne Migrationshintergrund erreichen. Dies führt auch wieder zu dem Befund, dass das deutsche Bildungssystem – im internationalen Vergleich – nicht in der Lage ist, Schülern mit Migrationshintergrund eine ausreichende schulische Förderung zu gewährleisten. Vor allem führt die starke schichtspezifische Selektivität des Schulsystems dazu, dass solche Schüler vermehrt auf niedrigeren Schularten wieder zu finden sind. Daher wäre ein Umbruch am bestehenden dreigliedrigen Schulsystem zugunsten von Gesamtschulen sehr wünschenswert.

Zahlreiche Erklärungsversuche für die Bildungsbenachteiligung und den Bildungsmisserfolg machen deutlich, dass es eine Kumulation an Bedingungsfaktoren ist, die zu diesen Chancenungleichheiten im deutschen Bildungssystem führen. Aufgrund der Ergebnisse nach der PISA-Studie scheint es jedoch Faktoren zu geben, die besonders negativ auf die Bildungschancen von Migrantenkindern wirken. In keinem anderen vergleichbaren Land ist z.b. der Schulerfolg von Kindern und Jugendlichen so stark von der Bildung der Eltern oder vom Einkommen abhängig, wie in Deutschland. Kinder und Jugendliche mit Migrationshintergrund stammen vermehrt aus sozial schwachen und bildungsfernen Familien, weshalb sie besonders stark von den Selektionsmechanismen betroffen sind. In diesem Rahmen ist vor allem der Mechanismus der institutionellen Diskriminierung zu beachten, der sich durch das ganze Bildungssystem – vom Kindergarten ab – zieht.

Auch stellt sich auf der Suche nach Erklärungen heraus, dass die (mangelnden) Sprachkenntnisse der Migranten zu einem Misserfolg in der Bildung führen. Die geringen Sprachkenntnisse sind vor allem an die soziale Herkunft gekoppelt. Die Beherrschung der deutschen Sprache stellt allgemein den Schlüssel zur Integration dar. In der frühen Bilinguismusforschung ging man davon aus, dass Zweisprachigkeit einen Ausnahmefall darstellt und nicht normal ist. Heute ist jedoch fast einhellige Meinung, dass Zweisprachigkeit eine Normalität darstellt und so früh wie möglich – am Besten schon im Kindergarten – gefördert werden muss, damit die Sprachen als Ressourcen herangezogen werden können. Im Rahmen der Lehreraus- und -fortbildung ist zu sehen, dass die Hochschulen und Universitäten noch nicht viel unternommen haben, eine interkulturelle Erziehung in die Prüfungsordnungen mit einzubeziehen. Generell ist aber eine Veränderung der Perspektive aller im Schulsystem beteiligten Personen nötig, um einen besseren Umgang mit Heterogenität gestalten zu können.

Die Folgen des schulischen Umgangs mit sprachlichen Differenzen auf die Bildungschancen können darin gesehen werden, dass die Schulen kaum auf die sprachliche Vielfalt und die Differenzen eingehen, und erfordern, dass alle Kinder – ungeachtet ihrer Ausgangsbedingungen – gleich sind. Dies führt dazu, dass Kinder mit Migrationshintergrund von Anfang an schon schlechtere Chancen haben, als Kinder ohne Migrationshintergrund, die die deutsche Sprache gut beherrschen. Mangelnde Sprachkenntnisse bei den Eltern führen dazu, dass diese nicht mit Lehrpersonen kommunizieren können und oft über wichtige Angelegenheiten nicht ausreichend informiert werden können. Daher wäre es sehr hilfreich, wenn mehrsprachiger Unterricht zur Regel werden würde. Auch die Einbeziehung der Eltern im vorschulischen Bereich sollte nicht die Ausnahme darstellen. Die Schulen müssen sich das Ziel setzen, dass alle Kinder unabhängig von ihrer Herkunft und der gesprochenen Sprache dieselben Chancen haben, das Schulsystem erfolgreich zu durchlaufen. Hierbei darf der Migrationshintergrund nicht mehr als Problem gesehen werden, sondern eher als Bereicherung des deutschen Schul- und Bildungssystems.

Literaturverzeichnis

Akpınar, Ünal/Lopez-Blasco, Andres/Vink, Jan: Pädagogische Arbeit mit ausländischen Kindern und Jugendlichen – Bestandsaufnahme und Praxishilfen, München 1977

Artelt, Cordula/Baumert, Jürgen/Klieme, Eckhard u.a.: PISA 2000 – Zusammenfassung zentraler Befunde, 2001,
http://www.mpib-berlin.mpg.de/pisa/ergebnisse.pdf (besucht am 14.10.2007)

Avenarius, Hermann/Ditton, Hartmut/Döbert, Hans u.a.: Kultusministerkonferenz: Bildungsbericht für Deutschland – Erste Befunde, Opladen 2003,
http://www.kmk.org/doc/publ/bildungsbericht/bildungsbericht_1610b.pdf
(besucht am 14.10.2007)

Baumert, Jürgen/Schümer, Gundel: Familiäre Lebensverhältnisse, Bildungsbeteiligung und Kompetenzerwerb, in: Deutsches PISA – Konsortium: PISA 2000: Basiskompetenzen von Schülerinnen und Schülern im internationalen Vergleich, Opladen 2001

Beschluss der Kultusministerkonferenz:
http://kmk.org/doc/beschl/671-1_Interkulturelle%Bildung.pdf
(besucht am 14.10.2007)

Bourdieu, Pierre: Titel und Stelle – Über die Reproduktion sozialer Macht, Frankfurt a.M. 1981

Bos, Wilfried/Lankes, Eva-Maria/Prenzel, Manfred u.a.: IGLU – Einige Länder der Bundesrepublik Deutschland im Vergleich, Münster, München, Berlin u.a. 2004

Britz, Lisa: Bildung und Integration, in: Bundeszentrale für politische Bildung – Spezial: Schule und Integration, 2005,
http://www.bpb.de/themen/TI50RA,0,0,Bildung_und_ Integration.html
(besucht am 14.10.2007)

Böger, Klaus: Mit jeder Sprache erschließt man sich eine neue Welt: Gespräch zwischen Klaus Böger und Jörg Maywald, in: frühe Kindheit – die ersten sechs Jahre, 2003, Ausgabe 06/03, S. 22-23

Carmichael, Stokely/Hamilton, Charles V.: Black Power – The politics of liberation in America, New York 1967

Claessens, Dieter: Familie und Wertsystem: Eine Studie zur „zweiten, sozio-kulturellen Geburt" des Menschen, Berlin 1962

Cummins, Jim: Linguistic Interdependence and the educational development of bilingual children, in: Review of Educational Research 2, 49. Jg., 1979

Cummins, Jim: Four misconeptions about language proficiency in bilingual education, in: NABE-Journal 3, 5. Jg., 1981

De Bot, Kees/Driessen, Geert/Jungbluth, Paul: De effectiviteit van het onderwijs en eigen taal en culture. Prestaties van Marokkanse, Spanse en Turkse leerlingen – Nijmegen (Institut voor Toegepaste Sociale Wetenschappen/Institut voor Toegepaste Taalkunde) 1989

De Bot, Kees/Driessen, Geert/Jungbluth, Paul: An evaluation of migrant teaching in the Netherlands, in: Jaspaert, Koen/Kroo, Sjaak (Hrsg.): Ethnic minority languages and education, Amsterdam 1991

Diefenbach, Heike: Bildungsbeteiligung und Berufseinmündung von Kindern und Jugendlichen aus Migrantenfamilien – Eine Fortschreibung der Daten des Sozioökonomischen Panels (SOEP), in: Sachverständigenkommission Elfter Kinder- und Jugendbericht (Hrsg.): Migration und die europäische Integration – Herausforderung für die Kinder- und Jugendhilfe, S. 9-70, München 2002 (zit.: Diefenbach 2002)

Diefenbach, Heike: Schulerfolgsquoten ausländischer und deutscher Schüler an Integrierten Gesamtschulen und an Schulen des dreigliedrigen Schulsystem – Sind Integrierte Gesamtschulen die bessere Wahl für ausländische Schüler? in: Bundesinstitut für Bevölkerungsforschung (BiB): Swiaczny, Frank/Haug, Sonja (Hrsg.): Migration – Integration – Minderheiten. Neuere interdisziplinäre Forschungsergebnisse. Wiesbaden 2003 (zit.: Diefenbach 2003)

Diefenbach, Heike: Schulerfolg von ausländischen Kindern und Kindern mit Migrationshintergrund als Ergebnis individueller und institutioneller Faktoren. in: Bundesministerium für Bildung und Forschung (BMBF): Band 14: Migrationshintergrund von Kindern und Jugendlichen: Wege zur Weiterentwicklung der amtlichen Statistiken. Bonn, Berlin 2005 (zit.: Diefenbach 2005)

Diefenbach, Heike: Kinder und Jugendliche aus Migrantenfamilien im deutschen Bildungssystem – Erklärungen und empirische Befunde, Wiesbaden 2007 (zit.: Diefenbach 2007)

Dulay, Heidi/Burt, Marina/Krashen, Stephen: Language two, New York u.a. 1982

Erikson, Erik H.: Identität und Lebenszyklus: drei Aufsätze. Übersetzt von Käte Hügel, Frankfurt a. M. 1998

Feagin, Joe R./Feagin, Clairece B.: Discrimination American Style – Institutional Racism and Sexism, Malabar 1986

Glumpler, Edith: Schulische Förderung für Ausländerkinder – Eine Synopse der Beschulungsangebote, in: Glumpler, Edith/Sandfuchs, Uwe (Hrsg.): Mit Aussiedlerkindern lernen, Braunschweig 1992

Gogolin, Ingrid: Schulbildung für Kinder aus Minderheiten in Deutschland 1989 – 1999: Schulrecht, Schulorganisation, curriculare Fragen, sprachliche Bildung, Münster u.a. 2001 (zit.: Gogolin 2001a)

Gogolin, Ingrid: Sprachenvielfalt durch Zuwanderung – ein verschenkter Reichtum in der (Arbeits-)Welt? in: Förderung von Migrantinnen in der beruflichen Bildung durch sprachbezogene Angebote – Workshop am 24./25. September 2001, Bonn, http://www.good-practice.de/1_Gogolin.pdf (besucht am 14.10.2007) (zit.: Gogolin 2001b)

Gogolin, Ingrid/Neumann, Ursula/Roth, Hans-Joachim: Bund-Länder-Kommission, Heft 107: Förderung von Kindern und Jugendlichen mit Migrationshintergrund, Bonn 2003

Gomolla, Mechthild: Schulentwicklung in der Einwanderungsgesellschaft: Strategien gegen institutionelle Diskriminierung in England, Deutschland und in der Schweiz, Münster, München, Berlin u.a. (2005) (zit.: Gomolla 2005)

Gomolla, Mechthild: Fördern und Fordern allein genügt nicht! Mechanismen institutioneller Diskriminierung von Migrantenkindern und -jugendlichen im deutschen Schulsystem, in: Auernheimer, Georg (Hrsg.): Schieflagen im Bildungssystem – Die Benachteiligung der Migrantenkinder, Wiesbaden 2006 (zit.: Gomolla 2006)

Gomolla, Mechthild/Radtke, Frank-Olaf: Mechanismen institutioneller Diskriminierung in der Schule, in: Gogolin, Ingrid/Nauck, Bernhard (Hrsg.): Migration, gesellschaftliche Differenzierung und Bildung – Resultate des Forschungsschwerpunktprogramms FABER, Opladen 2000 (zit.: Gomolla/Radtke 2000)

Gomolla, Mechthild/Radtke, Frank-Olaf: Institutionelle Diskriminierung: Die Herstellung ethnischer Differenz in der Schule, Wiesbaden 2002 (zit.: Gomolla/ Radtke 2002)

Granato, Mona: Zunehmende Chancenungleichheit für junge Menschen mit Migrationshintergrund auch in der beruflichen Bildung? in: Auernheimer, Georg (Hrsg.): Schieflagen im Bildungssystem – Die Benachteiligung der Migrantenkinder, Wiesbaden 2006

Heinrich-Böll-Stiftung: Selbstständig lernen – Bildung stärkt Zivilgesellschaft – Sechs Empfehlungen der Bildungskommission der Heinrich-Böll-Stiftung, Weinheim, Basel 2004

Herwartz-Emden, Leonie: Migrant/-innen im deutschen Bildungssystem, in: Bundesministerium für Bildung und Forschung (BMBF): Band 14: Migrationshintergrund von Kindern und Jugendlichen: Wege zur Weiterentwicklung der amtlichen Statistiken, Bonn, Berlin 2005

Holtbrügge, Heiner: Türkische Familien in der Bundesrepublik – Sozialwissenschaftliche Kooperative, Duisburg 1975

Hunger, Uwe/Thränhardt, Dietrich: Der Bildungserfolg von Einwandererkindern in den westdeutschen Bundesländern – Diskrepanzen zwischen der PISA-Studie und den amtlichen Schulstatistiken, in: Auernheimer, Georg (Hrsg.): Schieflagen im Bildungssystem – Die Benachteiligung der Migrantenkinder, Wiesbaden 2006

Hurrelmann, Klaus: Einführung in die Sozialisationstheorie, Weinheim, Basel 2002

IHK Hanau-Gelnhausen-Schlüchtern:
http://www.hanau.ihk.de/index.php?cms_id=637 (besucht am 14.10.2007)

Jaitner, Thomas: Sprachliches Lernen und Schulentwicklung, in: Becker-Mrotzek, Michael/Bredel, Ursula/Günther, Hartmut (Hrsg.): Kölner Beiträge zur Sprachdidaktik (KÖBES) – Reihe A, Mehrsprachigkeit macht Schule, Duisburg 2006

Karakaşoğlu-Aydın, Yasemin: Kinder aus Zuwandererfamilien, in: Böttcher, Wolfgang/Klemm, Klaus/Rauschenbach, Thomas (Hrsg.): Bildung und Soziales in Zahlen – Statistisches Handbuch zu Daten und Trends im Bildungsbereich, Weinheim, München 2001

Konsortium Bildungsberichterstattung: Bundesministerium für Bildung und Forschung (BMBF): Bildung in Deutschland – Ein indikatorengeschützter Bericht mit einer Analyse zu Bildung und Migration, Bielefeld 2006

Korte, Elke: Die Rückkehrorientierung im Eingliederungsprozess der Migrantenfamilien, in: Esser, Hartmut/Friedrichs, Jürgen (Hrsg.): Generation und Identität. Theoretische und empirische Beiträge zur Migrationssoziologie, Opladen 1990

Kristen, Cornelia/Granato, Nadia: Bildungsinvestitionen in Migrantenfamilien, in: Bundesministerium für Bildung und Forschung (BMBF): Band 14: Migrationshintergrund von Kindern und Jugendlichen: Wege zur Weiterentwicklung der amtlichen Statistiken, Bonn, Berlin 2005

Krüger-Potratz, Marianne: Migration als Herausforderung für Bildungspolitik, in: Leiprecht, Rudolf/Kerber, Anne (Hrsg.): Schule in der Einwanderungsgesellschaft, Schwalbach 2006

Kuhnke, Ralf: In: Bundesministerium für Bildung und Forschung. Arbeitsbericht 2/2006, Bonn, Berlin 2006

Leenen, Wolf Rainer/Grosch, Harald/Kreidt, Ulrich: Bildungsverständnis, Platzierungsverhalten und Generationenkonflikt in türkischen Migrantenfamilien – Ergebnisse qualitativer Interviews mit „bildungserfolgreichen" Migranten der Zweiten Geberation, Zeitschrift für Pädagogik 36, 5: S. 753-771, 1990

Leibowitz, Arleen: Home Investments in Children, in: Schultz, Theodore W.: Economics of the Family: Marriage, Children, and Human Capital – A Conference Report of the National Bureau of Economic Research (NBER), Chicago 1974

Leibowitz, Arleen: Family Background and Economic Succes: A Review of the Evidence, in: Taubmann, Paul: Kinometrics – Determinants of Socioeconomic Succes within and between Families, Amsterdam 1977

Mantas, Stephan: In zwei Denkstrukturen leben, Schulamt Oberhausen – Regionale Arbeitsstelle zur Förderung ausländischer Kinder und Jugendlicher der Stadt Oberhausen. Schriftenreihe Nr. 12., Oberhausen 1982

Mehrländer, Ursula/Hofmann, Roland/König, Peter, Krause, Hans-Jürgen: Situation ausländischer Arbeitsnehmer und ihrer Familienangehörigen in der Bundesrepublik Deutschland, Bundesminister für Arbeit und Sozialforschung, Bonn 1981

Meinhardt, Rolf: Einwanderungen nach Deutschland und Migrationsdiskurse in der Bundesrepublik – eine Synopse, in: Leiprecht, Rudolf/Kerber, Anne (Hrsg.): Schule in der Einwanderungsgesellschaft, Schwalbach 2006

Meyer-Ingwersen, Johannes u.a.: Zur Sprachentwicklung türkischer Schüler in der Bundesrepublik, Kronberg 1977

Müller, Romano: Zur Bedeutung der Erstsprache für den Erwerb der Zweitsprache, in: Poglia, Edo/Perret-Clermont, Anne-Nelly/Gretler, Armin/Dasen, Pierre (Hrsg.): Interkulturelle Bildung in der Schweiz – Fremde Heimat, Bern 1995

Nauck, Bernhard: „Heimliches Matriarchat" in Familien türkischer Arbeitsmigranten? Empirische Ergebnisse zu Veränderungen der Entscheidungsmacht und Aufgabenallokation, Zeitschrift für Soziologie 14, 6: S. 450-465, 1985

Nauck, Bernhard/Diefenbach, Heike/Petri, Kornelia: Intergenerationale Transmission von kulturellem Kapital unter Migrationsbedingungen – Zum Bildungserfolg von Kindern und Jugendlichen aus Migrantenfamilien, Zeitschrift für Pädagogik 44, 5: S. 701-722, 1998

Neumann, Ursula: Erziehung ausländischer Kinder, Düsseldorf 1980

Phzh NDK Migration und Schulerfolg: Projekt und Lerngruppe „ankommen", 2002-2004, http://www.ankommen.info/Spracherwerbstheorie.pdf (besucht am 14.10.2007)

Pommerin-Götze, Gabriele: Zur Bildungssituation Jugendlicher mit Migrationshintergrund, in: Frederking, Volker/Heller, Hartmut/Scheunpflug, Annette (Hrsg.): Nach PISA: Konsequenzen für Schule und Lehrerbildung nach zwei Studien, Wiesbaden 2005

Reich, Hans H./Roth, Hans-Joachim: Zum Stand der nationalen und internationalen Forschung zum Spracherwerb zweisprachig aufwachsender Kinder und Jugendlicher, Hamburg 2002

Riehl, Hans-Joachim: Mehrsprachigkeit als Ressource und als Bildungsziel, in: Becker-Mrotzek, Michael/Bredel, Ursula/Günther, Hartmut (Hrsg.): Kölner Beiträge zur Sprachdidaktik (KÖBES), Reihe A – Mehrsprachigkeit macht Schule, Duisburg 2006

Salm, Elisabeth: Schulerfolg der Migrantinnen und Migranten, in: Blickpunkt Bildung, Amt für Bildungsforschung – Erziehungsdirektion Bern 2000
http://www.erz.be.ch/site/biev-schulung-fremdsprachiger-schulerfolg.pdf
(besucht am 14.10.2007)

Schiffauer, Werner: Die Migranten aus Subay – Türken in Deutschland: Eine Ethnographie, Stuttgart 1991

Schmitt, Guido: Bilinguismusforschung – pädagogisch gesehen, in: Interkulturell – Forum für Interkulturelle Erziehung und Beratung, 1992 Heft 1/2: S. 141-166 (zit.: Schmitt 1992)

Schmitt, Guido: Zweisprachigkeit lernen in der Schule: deutsch-türkisch, deutsch-sorbisch, deutsch-russische – eine pädagogische Erkundung in Berlin und Cottbus, in: Interkulturell – Forum für Interkulturelle Erziehung und Beratung, 2002 Heft 1/2: S. 158-168 (zit.: Schmitt 2002a)

Schmitt, Guido: Interkulturelle Erziehung und Bildung als selbstverständlicher Bestandteil der Allgemeinbildung, Vortrag bei der Fachtagung „Interkulturalität in Bildung und Ausbildung" am 28.Juni bis 1.Juli 2001/Landeszentrale für politische Bildung Baden-Württemberg, in: Interkulturell – Forum für Interkulturelle Erziehung und Beratung, 2002 Heft 1/2: S.169-195 (zit.: Schmitt 2002b)

Schor, J. Bruno: PISA: Herausforderung und Chance zu schulischer Selbsterneuerung, Donauwörth 2002

Schrader, Achim/Nikles, Bruno W./Griese, Hartmut W.: Die Zweite Generation – Sozialisation und Akkulturation ausländischer Kinder in der Bundesrepublik, Königstein 1976

Siebert-Ott, Gesa: Zweisprachigkeit und Schulerfolg – Die Wirksamkeit von schulischen Modellen zur Förderung von Kindern aus zugewanderten Sprachminderheiten – Ergebnisse der Schulforschung, Bönen 2001 (zit.: Siebert-Ott 2001)

Siebert-Ott, Gesa: Mehrsprachigkeit und Bildungserfolg, in: Auernheimer, Georg (Hrsg.): Schieflagen im Bildungssystem – Die Benachteiligung der Migrantenkinder, Wiesbaden 2006 (zit.: Siebert-Ott 2006a)

Siebert-Ott, Gesa (2006b): Deutsch (lernen) auf dem Schulhof? Konzeptionelle Mündlichkeit als Basis der Entwicklung schriftsprachlicher Kompetenz in der Zweitsprache, 2006, http://www.fb1.uni-siegen.de/soziologie/mitarbeiter/geissler/gesa_siebert-ott_-_deutsch_(lernen)_auf_dem_schulhof.doc (zit.: Siebert-Ott 2006b)

Stanat, Petra: Schulleistungen von Jugendlichen mit Migrationshintergrund – Differenzierung deskriptiver Befunde, in: Baumert, Jürgen/Artelt, Cordula/Klieme, Eckhard u.a. (Hrsg.): Deutsches PISA-Konsortium: PISA 2000 – ein differenzierter Blick auf die Länder der Bundesrepublik Deutschland, Opladen 2003 (zit.: Stanat 2003)

Stanat, Petra: Schulleistungen von Jugendlichen mit Migrationshintergrund: Die Rolle der Zusammensetzung der Schülerschaft, in: Baumert, Jürgen/Stanat, Petra/ Watermann, Rainer: Herkunftsbedingte Disparitäten im Bildungswesen – Differenzielle Bildungsprozesse und Probleme der Verteilungsgerechtigkeit – Vertiefende Analysen im Rahmen von PISA 2000, Wiesbaden 2006 (zit.: Stanat 2006)

Stanat, Petra/Christensen, Gayle: Schulerfolg von Jugendlichen mit Migrationshintergrund im internationalen Vergleich, Bundesministerium für Bildung und Forschung (BMBF), Band 19, Bonn, Berlin 2006

Statistisches Bundesamt: Bundeszentrale für politische Bildung, Datenreport 2004 – Zahlen und Fakten über die Bundesrepublik Deutschland, Bonn 2004 (zit.: Statistisches Bundesamt 2004)

Statistisches Bundesamt: Bundeszentrale für politische Bildung, Datenreport 2006 – Zahlen und Fakten über die Bundesrepublik Deutschland, Bonn 2006 (zit.: Statistisches Bundesamt 2006)

Steinig, Wolfgang/Huneke, Hans-Werner: Sprachdidaktik Deutsch: Eine Einführung, Berlin 2004

Troyna, Barry/Williams, John: Racism, Education and the State, Beckenham 1986

Triarchi-Hermann, Vassilia: Mehrsprachige Erziehung: Chance oder Gefahr für die kindliche Entwicklung? in: frühe Kindheit – die ersten sechs Jahre, 2003, Ausgabe 06/03: S.24-27

Uysal, Yasar: Biographische und ökologische Einflussfaktoren auf den Schulerfolg türkischer Kinder in Deutschland – Eine empirische Untersuchung in Dortmund, Münster 1998

Wießmeier, Brigitte: „Binational ist doch viel mehr als deutsch": Studien über Kinder aus bikulturellen Familien, Münster 1999

Wilpert, Czarina: Die Zukunft der zweiten Generation, Königstein 1980

Ziebell, Barbara: Leitlinien für erfolgreiche Lehrerfortbildung, in: Becker-Mrotzek, Michael/Bredel, Ursula/Günther, Hartmut (Hrsg.): Kölner Beiträge zur Sprachdidaktik (KÖBES), Reihe A – Mehrsprachigkeit macht Schule, Duisburg 2006

Yeliz Gölbol
**Lebenswelten türkischer Migrantinnen
der dritten Einwanderergeneration**
Eine qualitative Studie am Beispiel
von Bildungsaufsteigerinnen

Migration*Minderheiten*Kulturen, Band 3, 2007,
186 Seiten, ISBN 978-3-8255-0661-2, 19,90 €

Die Untersuchung präsentiert Aspekte der Lebenswelt von Studen-
tinnen türkischer Herkunft in Deutschland. Anhand von qualitativen
Interviews stellt die Autorin die Bedingungen für gelingende Lebens-
entwürfe von Migrantinnen der dritten Generation dar.

Entgegen des vorherrschenden Diskurses, der Migrantinnen als
Opfer ihrer Herkunftskultur beschreibt, werden in den Biografien verschiedene Risiko- und Schutzfaktoren erkennbar. Die jungen Frauen
setzen sich intensiv mit dem in unserer Gesellschaft präsenten
Stereotyp der „typisch türkischen Frau" auseinander und fordern ein
differenziertes Bild ihrer individuellen Lebenssituation ein.

Im Mittelpunkt der Arbeit stehen Orientierungs- und Handlungs-
muster im Kontext von sozialer Ein- und Ausgrenzung, wobei dem
sozialen Umfeld und den individuellen Handlungsstrategien im Hinblick auf Fremd- und Selbstzuschreibungen besondere Aufmerksamkeit gewidmet wird.